巴比倫富翁的秘密

比小說更好看的理財故事書

讓你一看就懂，一學就會！

George Samuel Clason
喬治‧克拉森 著
斯凱恩 譯

美國暢銷200萬冊的致富聖經
出版近100年來，已翻譯成35種語言
亞馬遜網站排行榜冠軍，最受歡迎的財富管理
理財三件事：賺錢，存錢，用錢生錢

拿破崙‧希爾｜戴爾‧卡內基｜羅伯特‧清崎｜《洛杉磯時報》傾力推薦！

前言｜通向財務自由之路

中文的「金融」和「財務」，在英文中對應的單詞是同一個：Finance。

對個人而言，學習金融最終都是為了追求財務自由。

在理解「財務自由」之前，請讓我解釋兩個概念。

金融學把一個人的收入劃分為工作性收入和資產性收入兩部分。

勞務報酬和薪水，取得這些收入的前提是你必須投入時間和精力去工作，因此叫工作性收入，也叫主動收入，其特點是你不主動爭取就賺不到錢。

勤勞工作的人，大致都可以獲得一份不錯的薪水——工作性收入，然而由於不懂得金融常識和理財方法，這些人可能終生都未曾體驗過什麼是財務自由，因為實現財務自由的關鍵，是在工作之外獲得資產性收入。

存款的利息、房屋的租金、股權的紅利……這些都是資產性收入，無論你身在何處、所做何事，這些收入都是源源不斷的，因此資產性收入也叫被動收入。

當某人的資產性收入大於生活開支時，生活的維持就不必再依賴於工作帶來的收入，此人在財務上就獲得不工作的自由，他的狀態就叫作財務自由。

任何人都希望實現財務自由，過自己想要的生活，做自己想做的人，而要實現這一點，首先就是要擁有資產性收入。資產性收入越多，實現財務自由的過程才會越快。

一個依靠工作性收入來養家糊口的人，怎樣才可以擁有資產性收入？這個問題也曾經困擾幾千年前的巴比倫國王，他向當時的國家首富請教這個問題，之後邀請他舉辦研修班來傳授他的致富思想，這個事蹟被記載在你眼前的這本書中。

本書揭示了如何獲得金錢、保存金錢以及用錢賺錢的原理和方法，作者是美國金融教育先驅喬治・克拉森。1926年，他出版了一系列以古巴比倫為背景，用寓言方式講述的關於節儉、創富和理財的小冊子，來解釋他的每個觀點。後來，這些小冊子被集結出版問世，這本永恆不朽的作品已經影響成千上萬人的生活，而這些「巴比倫寓言」也因此成為一部金融科普與成功勵志的經典名著。

因此，當拙著《從零開始讀懂金融學》成為全國各大書城的暢銷書後，我無數次在心中向喬治・克拉森和他的這本

書致敬致謝，因為我不僅在專業啟蒙上受益於此，而且其如《聖經》般簡潔明瞭的語言風格，也影響我的寫作。

就在這個時候，我的責任編輯建議我沿著金融科普的方向繼續寫下去，並且以「從零開始讀懂金融學」續篇的名義出版。我認同這樣的寫作建議，因為金融學如同一個宮殿，你從各個不同的窗戶一窺其中，看到的畫面是不同的；金融學也如同一片森林，你從森林的各個邊緣出發都可以進入其中，但歷經的風光是迥異的。因此，創作一套「從零開始」系列的金融學通俗讀物，在理論上是完全成立的。

續篇的寫作列入了我的日程後，我腦海中又經常浮現起那本學生時代讀過的英文小冊子The Richest Man in Babylon（《巴比倫富翁的秘密》，即《巴比倫富翁的投資理財課》），直到有一天，我有一個令人激動的想法：我想翻譯這本書，並且將之作為「從零開始讀懂金融學」系列讀物的第二本。

我買下了企鵝出版集團旗下新美國圖書館出版社2004年最新修訂的英文版The Richest Man in Babylon），把其中一部分翻譯成中文，然後提交給我的責任編輯。很快我就收到責任編輯的支持性回覆，並且願意承擔與版權相關的協調事宜！

於是，我暫時擱置原有的寫作計畫，心無旁騖地投入稿件的翻譯中。

每當我翻譯完一個核心的觀點，就想和認識的新舊朋友們分享。因為窮人對富有的渴望從未消減，致富的原理也亙古不變，但是卻很少有人明白這些原理，更鮮有人願意花時間去尋找致富的真諦。

古巴比倫的窮人與富人，與我們今天的情景沒有什麼區別。只要現代人用心去體會巴比倫首富阿卡德的七條致富秘密並且身體力行，任何一個靠薪水生活的人都可以開啟自己的財務自由之旅；只要現代人虛心聆聽巴比倫錢莊老闆麥松的警告，就可以理解關於金融風險和審慎原則的核心秘密；只要現代人讀懂巴比倫駱駝商人達巴西爾的故事，就可以感受到即使淪落成為奴隸，也依然有成為富翁的可能……

我相信本書的翻譯和出版，將帶給讀者朋友財富的福音。不僅如此，這本書的思想對國家的繁榮發達也影響深遠。書中巴比倫的薩貢王在探尋強國之道時，採納首富阿卡德的建議，而且這個建議被克拉森在序言中開門見山地道出：「國家的繁榮靠的是藏富於民。」

斯凱恩

2016年春

序言｜國家的繁榮靠的是藏富於民

國家的繁榮靠的是藏富於民。

作為個人如何成功理財，則是本書的主題。當我們的努力有所收穫，就說明我們成功了。行動可能沒有思想來得聰明，思想的高明可能也無法超過理智，據此而言，做適當的準備是必要的，因為那是成功的鑰匙。

本書之所以能被稱為「高明的理財指南」，是因為它專門解決缺錢的問題。事實上，使一心求富者具備理財洞察力，在賺錢、存錢以及用錢生錢的問題上幫助他們，正是本書的宗旨。

當代金融的基本原則，已經在全世界範圍內得到認同和應用，而其正是誕生於巴比倫。在本書的帶領下，讀者可以對巴比倫時代進行一番回顧。

新讀者如果可以透過本書產生新的願望，本人將十分高興。對於新讀者，本書能激勵他們增加錢財的儲蓄。同時，本書也包含如何累積財富以及如何解決個人財務難題等理財啟示，這些也都是讀者熱切關注的問題。

藉此機會，我要感謝遵循巴比倫致富原則而大獲成功的商界主管們，因為他們首先贊同巴比倫的致富之道，其次把這些故事傳播給朋友、親戚、員工、同行，這是對本書最有力的支持。

在古代，全世界最富有的城市就是巴比倫，那是因為它的每個百姓都是那個時代的大富翁。巴比倫人的生財管道是源源不斷的，他們懂得金錢的價值，用以致富、存錢以及用錢生錢的理財原則也是健全的，而這些正是我們都在熱切盼望著的。

喬治·克拉森

目錄

第一章

兩個巴比倫窮人的對話

我們有穩定的工作，卻因為從未想過怎樣去建立自己的財富而活得捉襟見肘。

拜西爾坐在自家低矮的院牆上，動也不動，傷感的目光盯著自己冷清樸素的家和小工坊。工坊的門開著，裡面有一輛戰車的半成品。在巴比倫，拜西爾是一位製造戰車的工匠，而在此刻，他就像洩了氣的皮球一樣。

　　在大門旁邊，有一個人在來回走動，那是拜西爾的妻子。拜西爾看著她不時地用餘光看他，想起自己應該回去工作完成那輛戰車，因為米糧將罄，而錢只能從富有的客戶那裡來。為此，他必須交付戰車，只能繼續釘釘打打，然後修邊、打光、上漆，束緊車圈上的皮革。

　　但是，他那又肥又壯的身體沒有離開矮牆，如同麻木一樣。有一個問題纏繞著他那算不上聰明的頭腦，他百思不得其解。驕陽無情地照著他的身軀，這種豔陽天，在幼發拉底河流域是常有的。不知不覺地，他雙眉之間已經滲出了汗，汗水一直流到胸膛。

　　皇宮的圍牆聳立在他家門外，巍峨絢爛的貝爾神殿在更遠一點的地方。貝爾是巴比倫的天地之神。除了拜西爾簡單

的宅院，還有許多簡陋得只剩牆壁的房屋，它們都籠罩在這些豪華氣派建築的陰影之下。又髒又亂的簡陋巷弄，夾在輝煌燦爛的建築之間；令人豔羨的巨富和一無所有的窮人，因為這座都市的城牆規劃或秩序的缺乏而共通互見。這就是巴比倫城的模樣。

拜西爾身後的景象是：富人的戰車招搖過市，路上陣陣喧譁，穿涼鞋的攤販和沒鞋穿的乞丐擠在道路兩旁。路上忽然出現國王的一長隊奴隸，他們都挑著用羊皮袋裝的水，水將灌溉宮裡的空中花園。於是，就連富人也只得急忙轉進貧民窟避讓。

這些市井的喧譁和紛擾，拜西爾都聽不到也留意不到，因為那個問題已經霸佔他的全部思緒。直到熟悉的七弦琴樂聲傳來，他才忽然停止更深入的思索。樂匠科比來了，他是拜西爾最好的朋友。他的笑容堆滿了臉。拜西爾目光回轉，端詳著他。

片刻寧靜以後，科比說：「願你享有諸神贈予的安逸，我的摯友。你現在不再工作，這說明他們已經慷慨賜福給你了，你的幸運也令我心生愉悅，甚至你的閒情雅趣也感染了我。願神明保佑，必讓你的錢袋永遠鼓滿，必讓你的工坊常有生意。此時，我需要兩舍克勒，不知你能否慷慨解囊。那

些貴族今晚照例會舉行宴會，結束時我一拿到酬勞，這點小錢就會回到你手裡，而在這之前，你也不會有什麼損失的。」科比的語氣恭敬至極。

拜西爾抑鬱地回答：「假如我有兩舍客勒，那將是我的全部財產，因此我不會借給任何人，哪怕是我最親近的朋友。就算是最好的朋友，也不要嘗試借走他人的全部財產，沒有人願意那樣做。」

科比高聲地說：「什麼！既然你身上竟然連一舍克勒都沒有，為什麼不完成這輛戰車？你竟然還像一尊雕像一樣坐在牆頭上！你的欲望雖然有高級趣味，但是要滿足它，你還可以有其他什麼工作能力嗎？我的朋友，你一直都有用不完的精力，現在怎麼一反常態了？是不是什麼事情在困擾著你，神明把什麼困難降到你頭上嗎？」科比顯然很驚訝。

拜西爾表示認同，然後說：「我做了一個愚蠢的夢，現在很受煎熬，這可能真是神給我的啟示。在夢裡，我是一個腰纏萬貫的富翁，我有數不盡的錢幣，可以任意散給乞丐；我還可以隨便給我的妻子買綾羅綢緞，買任何我想要的東西，因為我還有無數的銀子；而且，我絲毫不用擔心未來，因為我有一堆金子，於是那些銀子可以縱情揮霍。我無比滿足於這些想像！如果那變成現實，你這個勤勞工作的老朋

友，恐怕就不認識我了。我的妻子將露出笑臉，臉上的皺紋將一掃而光。她的樣貌，又將變成結婚的時候嬌羞美麗和面帶微笑的新娘一樣，雖然她也會覺得我陌生。」

科比也評論道：「這個美夢確實可以令人心花怒放，可以帶來快樂，可是，你怎麼反而變成雕像一般，在牆角悶悶不樂？」

拜西爾說：「我悶悶不樂？是的，我確實悶悶不樂。那是因為我一醒來就發現，自己實際上是一個窮光蛋，我心裡莫名湧起一股想衝破什麼的衝動。關於這個問題，不如由我們兩人一起討論一番。人們常說我們有相同的處境，確實如此，我們的智慧，是年輕時一塊跟著祭司養成的；長大以後，你我親密的朋友關係從未中斷；我們都在各自的生活中安然度過，雖然工作時間長，但也算可以從容地花錢，從中我們感到滿足。我們這些年所賺的錢也不算少，但是，我們現在只能透過做夢來體驗擁有財富的愉悅。哎！難道除了兩隻蠢羊，我們什麼也不是？」

「巴比倫，這個我們所在的城市，在全世界範圍都是最富有的，是任何城市都比不了的，貿易商們都這麼說。然而，只聽說財富鋪滿巴比倫城，可是我們竟然一貧如洗。我最要好的好友來跟我說：『我需要兩舍克勒，不知你能否慷

慨解囊？那些貴族今晚照例會舉行宴會，結束時我一拿到酬勞，這點小錢就會回到你手裡。』我不知如何回答。他大半生辛苦工作，錢包仍是癟的，我的錢包一樣也是空的。我總不能說：『來吧，我的錢包就在這裡，裡面裝滿了錢，如果可以跟你分享，我將十分樂意。』為什麼我們賺來的財富只能維持溫飽，為什麼我們無法賺更多？究竟哪裡出問題了？」

「想想我們的兒子吧！他們將步其父親的後塵，他們自己，他們的家人，他們兒子的家人，還有他們孫子的家人，將住在這個城市裡，眼看著滿地金銀卻只好喝著腐壞的山羊奶和稀飯。難道不是這樣嗎？難道真的要這樣嗎？」

科比說：「拜西爾，認識你這麼多年，我還是第一次聽你這樣說話。」他好像有些困惑了。

拜西爾說：「這種想法，我之前從未有過。為了建造出最好的、優於其他一切工匠的戰車，我每天從早到晚辛苦地忙碌，我真心期望，我的善行終有一天會得到諸神的悲憫和獎勵，祈望他們賜我一筆巨大的財富。可是希望落空了。我之所以感到悲哀，是因為我終於明白，諸神永遠不會降財給我。然而，成為富翁，擁有土地、牛群、名貴漂亮的衣服和鼓鼓的錢囊，這些都是我所渴望的。我願意耗盡我全部的精

力、技巧和智慧來實現這個目標。我的辛勤勞作得到合理的回報，就是我的全部希望。我們身上的問題究竟是什麼？我還要問你，那些好的東西應該有我們一份，但是我們得不到，卻全部讓有金子的人買走了，這是為什麼？」

科比說：「如果我知道答案就好了。你不甘心，我一樣也不甘心。我賺錢的管道是彈奏七弦琴，可是賺的不如花的快。為了不讓家人挨餓，我經常殫精竭慮傷透腦筋。我心裡也渴望擁有一把足夠大的、能讓我真情唱出在心頭盤旋已久旋律的七弦琴。有了它，我可以把國王從未聽過的美妙音樂在他面前彈奏出來。」

拜西爾說：「確實如此，你甜美的歌聲在巴比倫無人能比，這樣的七弦琴應該屬於你。這樣一來，你的彈唱不僅能讓國王相當喜悅，甚至還可以愉悅諸神。但是，我們兩人的夢想是不可能實現的，我們都快窮成國王的奴隸了。你聽！有鈴聲，是他們在經過。」拜西爾忽然手指一長列奴隸，他們身體半裸，正從河裡挑水運往皇宮，因為過於費力而汗水直流。他們五人一排，成列地向前邁著步伐，每一列的脊背上都擔著一大羊皮袋水，然後弓成弧形。

見到沒有挑水只負責搖鈴開路的人，科比說：「奴隸們的那個導路者，十分出眾的模樣，在這個國家裡，他很搶

眼。」

在這一點上，拜西爾感受頗深，並且說：「而且，奴隸隊伍裡也有了不起的人，他們有很多跟我們一樣，懂得某種技藝。裡面有來自北方人高馬大的金髮男士，有來自南方面帶笑容的憨厚黑人，有從各個鄰國而來棕色皮膚的矮個子。日復一日、年復一年，他們一起賣力地往返於河流和皇宮花園。對快樂的期望，已經消失在他們心中。他們睡覺的床用稻草鋪就，他們所喝的粥用粗穀粒煮成。科比，這些人就像馱東西的牲口一樣，真可憐！」

「他們確實可憐，我也有同感。但是在我看來，我們雖然聲稱自己是自由的，卻不比他們強多少。」

「這恐怕是事實，儘管想到就會難過。科比，一年一年地像奴隸一樣活著，除了無休止的工作之外一無所有，難道這是我們想要的嗎？」

科比提議說：「我們如果向他人討教獲取黃金的辦法，再加以模仿，不也是可行的嗎？」

此話引起了拜西爾的思考，他回答：「我們可能也會懂得一些竅門，如果真的去求教個中高手。」

科比說：「我剛才見阿卡德駕著金色戰車過去了，他是我的老朋友。這個人跟其他富人不一樣，不會輕視我們這些

小人物，這一點我敢打包票；他反而向我揮了揮手，並且友善地對我笑了笑。啊！他向樂匠科比打招呼！路邊所有人都看到了！」

「聽說，整個巴比倫就是他最有錢。」拜西爾想到就說了出來。

科比回答：「國王都把他召去，問他有關金錢的事，可見他多麼有錢。」拜西爾在此時打斷了科比：「竟然富有到那樣的地步！他的腰包應該很鼓吧，如果我在黑夜偶遇他，非從裡面撈出一把銀子來不可。」

科比訓斥道：「腰包裡怎麼盛得下一個人的財富，你不是胡說八道嗎？再飽滿的腰包，如果沒有如河流一般的金子注入，勢必很快就會見空。就算阿卡德一擲萬金，他的錢包永遠是滿的，因為他的收入總會把它填滿。」

拜西爾突然大叫：「啊！對了，就是它，收入！擁有一份永不消失、源源不斷地填充我腰包的收入，正是我一直期盼的。那樣不管我在牆邊呆坐還是遠遊，都將高枕無憂。至於怎樣獲得這樣的收入，阿卡德一定是通曉的，只是我腦筋比較笨，他會把自己的致富經耐心地講解給我這樣的人聽嗎？」

科比的回答是：「酒館裡傳出他兒子洛麥希爾獨自到尼

尼微城，並且成為那裡的首富的消息，他沒有阿卡德在身邊施以幫助。我敢斷言，他已經把致富之道傳給自己的兒子了。」

拜西爾再次雙眼露出光芒，然後說：「你讓我突然有一個絕妙的想法。我們的錢袋，去年就空無一物，跟獵鷹的窩一樣了，但那又有什麼關係？我們可以向好朋友免費討教有關理財的智慧良言，而且那一向是阿卡德樂意的。成為富翁不是我們的共同願望嗎，讓我們去找阿卡德吧！我們要在如何同樣獲得無限收入的問題上好好請教他。」

科比說：「拜西爾，你言語間的興致真高。我聽了你的話，感悟到新的東西，而且我明白一點，因為我們從未付諸實踐，我們才一直沒有找到致富的門路。在製造巴比倫最堅固的戰車上，你不辭勞苦，你的耐心已經足夠了。你已經為賺錢而付出最大努力，結果你在戰車工藝上有很大成就。我的成功則在音樂方面，作為一個七弦琴音樂人，我也為了擁有最高超琴藝而付出努力。諸神肯定滿意於我們在各自的方向上付出的最大努力和成功，也不會剝奪我們的成功。現在，就像伴隨日出的光亮，我們終於看見一道指引我們學習更多知識以獲得財富的曙光。這些體會和認識，應該會帶領我們找到實現願望的有效方法。」

拜西爾想更進一步，催促道：「我們要去找阿卡德，就在今天！還要帶上我們的那些兒時夥伴，他們目前的處境跟我們差不多。我們要一起請教阿卡德，請他把理財方面的高見分享給我們。」

科比說：「拜西爾，我明白你為什麼會有那麼多朋友了，因為你總是周到地為他人考慮。如你所言，我們今天去找他們，然後一起拜訪阿卡德，就這麼決定了。」

第二章

巴比倫首富曾經一貧如洗

堅持存下收入的十分之一。

用自己的積蓄去享受生活，才可以激發你更大

的動力。

從前，有一個叫阿卡德的巴比倫人，無論遠近的人們都知道他非常富有。同負盛名的還有他的慷慨：他心地善良，經常布施窮人；無論為家人花錢，還是為自己花錢，他都毫不吝嗇。但是，他的財富每年都在增加，錢花得再快，也沒有收入增加得快。

　　在他年輕的時候，朋友就這樣對他說：「阿卡德，你已經成為全巴比倫的第一富翁，而我們依然苦苦賺錢，只為填飽肚皮。你比我們有錢，無論金銀珠寶，還是錦衣玉食，你都可以盡情享用，我們只能滿足於努力維持家人的溫飽。然而，當我們在向同一位老師求學時沒有差別，都是一起玩遊戲。你在學習和遊戲上不比我們強，你在後來的幾年裡也跟我們沒有差距，只是一個普通人。我們對你在工作上的判斷是，你勤勞或忠心的程度都不如我們。但是命數無常，它為什麼只讓你享有人生一切美好的東西？相比之下，我們也同樣配得上這些享受，命運為什麼沒有看到我們？」

　　阿卡德給他們以下的忠告：

如果說你們這些年所過的生活，只是勉強度日，那是因為你們尚未懂得或實踐理財的方法和訣竅。

　　捉摸不定的命運女神是凶惡的。她不會把永恆不變的東西賜給任何人，如果誰想不勞而獲，她反而會讓他一無所有。揮霍無度的人，正是她創造出來的。只需要很短的時間，他們就會散盡手中的所有財富，只剩貪欲，再也得不到滿足。有一些蒙幸運女神垂憐的人，卻變成守財奴。他們心知，自己沒有一項才華可以賺到被賜給的財富，於是唯恐花掉它們。同時，他們對橫遭劫掠也極度害怕。就這樣，他們空虛，脫離人群，活在悲慘之中。

　　那些輕鬆獲得財富並且在自己經營下增長更多財富的人也是存在的，他們的生活一直是歡樂而滿足的，但是這種人少之又少，我一個也沒有見過，只聽過有關他們的傳聞。你們想想吧，那些巨大財產繼承者的情形，是不是跟我說的一樣？

　　對此，阿卡德朋友們都不否認。那些因為繼承大筆遺產陡然而富的人，在他們的記憶中確實落到那樣的下場。阿卡德被朋友們請求闡明自己的致富之道，於是接著說：

　　我曾經在年輕時審察人生中的一切，發現有許多東西可

以使我們收穫快樂和滿足。我最後的結論是：更能給人帶來快樂和滿足的東西，是財富。

財富是一種力量，有錢可以實現許多事。買高級家具來美化房間，邀朋友到世界各地旅遊，吃遍所有的珍饈美味，購買金匠和寶石工精雕細琢出來的金銀珠寶——有了錢，這些都可以實現，甚至可以蓋幾座富麗豪華的神殿；其他所有事情，只要可以滿足你的感官，愉悅你的靈魂，你都可以做。

明白這些，我就下定決心，人生中的這些美好事物，我一定要擁有。徒然站在遠處羨慕地看著別人享用，那不是我所願意的。最便宜的衣服雖然不失體面，但無法讓人感到滿足。當窮人就更不是我想要的。我要邁入貧窮的反面，我要以貴賓的身分參加人生這場盛宴。

我是一個小商人的兒子，兄弟眾多，使得財產繼承沒有我的份。這些你們都瞭解，而且過人的能力或才智都不是我所具備的，這一點你們也一定看出來。因此，我決定在賺錢理財方面多花些時間和功夫，還要研讀幾本書，只有那樣才有可能實現我的目標。

每個人都有許多的時間，可是你們沒有用它來致富，徒然讓它流逝了。你們現在有什麼值得誇耀的？恐怕只有家庭

的幸福美滿，讓你們感到自豪。

說到研讀，有學而知之和不斷實踐而知之兩種學習方法，透過後一種，我們又可以學到發現未知之物的方法。這些不都是智慧的導師教給我們的嗎？

於是，我決心找到累積財富的訣竅。一經發現，我的首要工作就變成全力增加財富。地府的幽暗時刻在前方等著我們，而我們現在沐浴在燦爛的陽光之下，因此為何不在墜入黑暗之前盡情享受？難道說，這樣做算不得聰明？

我在官府文史記錄廳謀到一份刻泥板的工作。這份工作佔用了我一天中的大部分時間，我一週接一週、一月接一月無休止地工作，但還是存不到多少錢。我的所有收入，只用在吃飯、穿衣、祭祀等日常用度上。但是，這一切完全沒有動搖我的決心。

有一天，官府來了一個叫安加米西的人，他是開錢莊的，想要第九條法令的抄本。他要求我必須要兩天之內刻好這個法令，事成之後將有兩個銅錢的報酬。

為此，我拼命加班，可惜直到安加米西過來取件時也還未完成。那條法令太長了。如果我是他的奴隸，恐怕免不了他的一頓暴打；我能感覺到他的極度惱怒。但是我毫不畏懼，因為官府大人不會讓他打我的，這一點他肯定也知道。

我對他說：「你那麼富有，能否傳授我致富的竅門？如果你願意告訴我，我願意熬夜幫你趕工，我一定可以在明天日出之前刻完這塊泥板。」

安加米西臉上露出笑容，然後說：「你這個僕人還算長進，但是如果你不完工，這個交易就沒得商量。」

因此，在那一整夜，我腰也痛，背也痛，薰在油燈的氣味裡，不時頭疼，眼睛幾乎看不見，但是我一直在拼命地刻。天亮時，他急忙來取貨，而我已經刻好了。

我說：「你現在要履行承諾，告訴我如何致富。」

安加米西說：「年輕人，你想知道的那些事，是我跟你交易的一部分，我會說出來的。我上了年紀，而絮叨是老人的習慣。接受年輕人求教時，老年人一定會把他長年累積的智慧傾囊相授。然而，在年輕人看來，老年人通曉的智慧，總是一些過時而毫無用處的東西。但是，你父親出生時的太陽，跟今天升起的沒有兩樣，這同一個太陽會永遠高掛，甚至會照耀到你的最後一個孫子入土時。我們不能忘記這一點。」

「年輕人的智慧當然也會閃爍光芒，但如同流星一劃，而老年人的智慧彷彿是恆星般靜止不動，它所發出的光芒是經久不變的，可以指引水手找到方向。我的話包含著真理，

所以你一定要記住，否則就無法理解它們，還會產生今夜徒然辛苦一場的錯誤印象。」

接著，他向我投來銳利的目光，並且以低沉的聲音說：「我發現致富之門路時，就是我決定為自己留存所有收入的一部分之時，你可以模仿我的做法。」說完，他繼續以想要看穿人的目光凝視著我，一句話也不說。

我問：「僅此而已嗎？」

他回答：「一個善良的牧羊人聽了這些話，內心會變得跟債主一樣。」

我追問：「可是，我賺來的所有錢財本來不就是我的嗎？」

他說：「事實並非完全如此。裁縫師、鞋匠是不是又賺走你的錢？你不用花錢買吃的、穿的嗎？不花錢，怎麼在巴比倫城生活？你現在還有多少上個月賺下的收入？去年的呢？你總是把錢支付給別人，唯獨忘記自己，這多麼愚蠢。傻瓜，你的辛勞全是為人作嫁！這跟奴隸為其主人效勞有什麼區別？反之，如果把十分之一的收入為自己累積起來，十年後你的錢財會是多少？」

我還算有些計算能力，回答：「差不多等於我一年的收入。」

我的回答遭到他的反駁：「只能說，你說對了一半。你存下的每塊金子，都可以像奴隸一樣回饋給你。每塊金子還有孩子，就是你透過它輾轉得到的銅錢，銅錢還可以為你生錢。必須讓你儲存的錢有能力生錢，生出來的小錢還可以生更多的錢，才有可能富裕起來。你渴望財富，就必須依賴這大大小小所有的錢。」

他繼續說：「如果你覺得我只是在騙你為我熬夜加班，然後說這些話應付你，那就錯了。它們是真理，如果你足夠聰明可以聽懂，我將回報給你的，是你所期待利益的一千倍。」

「可以讓你為自己存下的，只能是你所有收入的一部分。每次留存的數量，不能低於收入的十分之一，哪怕收入再少，也必須保證所存的錢比例要大於十分之一。學會先為自己存錢，至於那些衣服和鞋子，如果餘錢不足以支付，就不買；還要在吃飯、救濟窮人和祭拜諸神等方面預留出錢財。」

「財富如同是一棵樹，它可以長高長大，都始於一粒小小的種子。那種子就是存下的第一個銅板。種下種子，財富的大樹才會指日可待，其生長速度隨著你播種速度的加快而加快。你若想及早在樹蔭下乘涼，就要盡可能忠實地培育和

灌溉它，也就是經常存入錢財。」

他說到這裡，就拿起泥板走了。

他告訴我的那些話，一直在我頭腦裡盤旋。它們是非常有道理的，於是我決定照做。每次買東西，我都從預備支出的款項中抽出十分之一，並且存起來。然而，我沒有比以前少了什麼的感覺，這說起來確實是一件怪事，對比我以前的生活水準，省下十分之一的錢，沒有產生很大差距。然而，我總是面臨著考驗，當由駱駝馱來或由商船從腓尼基運來的那些好東西被商販擺放出來的時候，我總想從我開始增多的存款中花一小點購買它們。幸好，我最後放棄了，我相信那是十分明智的。

安加米西在十二個月後找到我，並且問：「年輕人，你有沒有在過去一年裡把十分之一的錢留給自己？」

我的回答中帶著驕傲：「老先生，我確實那樣做了。」

他看了我一眼，然後說：「很好，這些錢你都用在什麼地方了？」

我說：「我全部交給阿茲慕，他是一個磚匠。他說他經常四處遠遊，可以到達腓尼基的提爾城，會幫我把腓尼基的稀世珠寶買回來。按照約定，我會高價賣出他帶來的珠寶，然後我們利潤平分。」

安加米西喊著說：「你竟然會相信一個磚匠懂得珠寶！你如果想知道關於星星的知識，難道會去請教一個麵包師？不能那樣，而是應該請教一位天文學家，只要你稍微有點頭腦就知道應該這樣做。年輕人，你的積蓄將有去無回，在幫助這棵財富之樹生長上，你犯了一個盲目的錯誤。從頭再來吧！下次，你要向珠寶商求教珠寶方面的良言。要知道，牧羊人那裡才有你想知道關於羊的事情。我們可以免費學習關於某一專業方面的訣竅，但是你要注意，只有值得的部分才可以採納。你想知道儲蓄方面的知識，卻找了一個沒有任何存錢經驗的人，你只會得到錯誤的忠告，而且當你明白這一點時，你所有的積蓄已經打水漂了。看來，傻瓜非得受點罪不可！」他的聲音近乎咆哮。

說完這些，安加米西又走了。

結果，磚匠遇到了一群腓尼基混蛋，他從他們手裡買來的「珠寶」，都是一文不值的玻璃。事情果然跟安加米西預料的一模一樣。我再次聽從他的教誨，繼續把十分之一的銅錢存下來。對我來說，存錢已經沒有什麼困難了，因為它已經變成一個習慣。

十二個月過去了，在文史記錄廳中，安加米西再次過來問我：「從上次見面到現在，事情是怎麼發展的？」

我回答：「我再次堅持努力存錢。我把存款交給盾匠艾吉爾，讓他去買銅材，而他付給我利息，每四個月一次。」

安加米西說：「確實不錯，你又是怎麼利用這些利息？」

「滿足我的胃口，我買了蜂蜜、美酒、蛋糕，還買了一件鮮紅色的袍子。我還想有一頭驢騎，總有一天會買到的。」

安加米西大笑一聲，說：「你的錢子錢孫，都被你吃掉了。你想讓錢財為你所用，想讓它們繼續為你生錢，就不能把它們都花掉。把一堆黃金作為你的奴隸，這才是你首先應該做的。這樣一來，你才可以在無數宴會中持續享受，任何懊悔都是多餘的。」說罷，他又走了。

他在後來的兩年都沒有出現，他再次出現在我面前的時候已經非常老了，皺紋堆滿臉龐，眼瞼嚴重下垂。他問我：「阿卡德，你做富翁的夢想成真了嗎？」

我回答：「距離我預想中的模樣還差一些，但是我現在累積一點財富，並且可以收入更多，因為我學會了用錢生錢的方法。」

他再問：「對於磚匠的忠告，你還在照做嗎？」

我回答：「磚匠只能給我關於造磚方面的金玉良言。」

他說：「首先是量入為出，其次是求教那些透過實踐鍛鍊出才華的人，最後是讓黃金為己所用的方法。阿卡德，這些功課你已經全部掌握。我都老成這副模樣，我那些兒子卻整天在只花不賺的美夢中墮落，我怕自己無力再管理無比巨大的產業。我想，可以把這個重擔託付給你，因為你已經通曉賺錢、存錢和用錢之道。如果你願意幫我管理我在尼普的地產，我想我們可以成為合作夥伴，我的財產可以分給你一份。」

於是，我前往尼普，他在那裡有一片產業，在我的管理下，他獲得更多財富。除了我的雄心壯志，也更是因為我對成功理財的三大法則已然精通。同時，我自己的財富也堆聚起來，還有一些財產是安加米西生前透過法律程序遺留給我的，他去世之後我就繼承了。

說完故事，阿卡德的一位朋友說：「你竟然成為安加米西的繼承人，這真是莫大的幸運。」

阿卡德說：「假設有一個漁夫，不管風向怎麼變動，他都可以捕到魚，而這是他鑽研魚類習性多年的回報，你們還可以說那是他的幸運嗎？變得富有是我遇見安加米西之前就有的渴望。或許幸運只會降臨到堅持如此渴望的人頭上。在持續儲存收入的十分之一這一點上，我是有毅力和耐心的，

開始那四年不就是明證嗎？任何一個沒有做好準備的人，都不會受到傲慢而且捉摸不定的機會女神的青睞。」

此時，阿卡德的另一位朋友說：「一年的積蓄化為泡影後，你還可以堅持存錢，不得不說你的意志力十分堅強。在這個方面，你是超乎常人的。」

「意志力！這是多麼空洞的言語。駱駝都扛不了或牛群都拉不動的重擔，難道人可以辦到？你不會真的以為意志力能給人那樣的力量吧？意志力只是堅定的決心，只有助於完成預定的任務。如果某項任務是我為自己所設定的，自然應該矢志不渝直至完成，哪怕它再怎麼微不足道。」他竟然遭到阿卡德的反駁。

「我有這種自信就足夠了，就可以做成一件大事。假設有一個任務，在未來一百天裡，每次經過那座通往城裡的橋樑，都在路上撿起一塊石頭，並且投入河裡，如果這是我需要做的，我一定會嚴格執行。如果我第七天忘記丟石頭，我不會用『明天再補一塊就可以了』來勸解自己；即使到了第二十天，我也不會用『算了吧，阿卡德，每天丟一塊太慢了，乾脆今天一次把以後的也丟進去吧』來改變過程。那種說法和做法，我都不會採取。只要我為自己定下任務，就必定完成。我非常慎始敬終，一開始就不找困難和不切實際的

事做，因為我喜歡悠閒。」

又有一位朋友說：「假定你的話都很正確，每個人都應該適時邁出第一步並且堅持到最後，這似乎就是你的觀點。但是，如果每個人都可以做到這些，都要分得財富，世上的財富怎麼夠用？」

阿卡德說：「財富自己會增長的，只要人們真的努力了。難道說，有錢人支出黃金為自己新建一座豪華的宅院，那些黃金憑空消失了嗎？沒有，其中一部分流到磚匠手裡，一部分流入建築工人那裡，還有一部分進了設計師的口袋——富翁所付黃金的總額，一部分一部分地分到所有這座豪宅的參與者身上。再說，這些黃金的價值不是全部轉移到已經完工的宅院上嗎？這座豪宅增加這塊地皮的價值，不是嗎？它周圍的地價也會因此而提升，難道不是這樣嗎？財富會以相當神奇的方式增長，增長的極限無人能測。利用商船從海外賺回錢財，然後在沿海荒蕪地帶選址，腓尼基人的許多城市難道不是這樣建立起來的嗎？」

又有另一位朋友追問說：「時光荏苒，我們已經不再是壯年，至今積蓄甚微，你究竟要給我們怎樣的致富良言？」

阿卡德回答：

我的建議是，你們應該對自己說：「我要為自己儲存所

有收入的一部分。」也就是說，你們應該採納安加米西的真知灼見，而且要隨時用這句話提醒自己，每天早晨起床時、正午時分、晚上入睡前，都要說一遍；要讓這些字變成在天空閃爍光芒的火焰，在那之前，要堅持每個小時如此自我提醒。

讓你的全部心思都集中在這句話上，以使它在心中變得足夠深刻。接下來要做的，就是按照裡面實際而明智的內容去做，即進行每天存下多於十分之一收入的自我訓練。抽出其他開銷的十分之一並且存下來，如果有必要，這也是應該的。然而，保持那固定的十分之一是首要的——你很快就會明白，擁有屬於自己的一筆財富，那是一種絕妙的感覺。你的快樂會隨著財富的增加而增多。令你滿足的是，你會遇到人生中新的快樂，這自然也就成為你加倍努力累積財富的動力。因為，你自己可以操控的錢財，會隨著你積蓄錢財的增加而增加。難道不是這樣嗎？

接下來要學的，就是把你的財富變成你的奴隸的方法，也就是讓錢生錢，讓錢子生錢孫，並且再讓它們為你生錢。

你變老的那一天遲早會到來，看看你周圍的老人吧！因此要保障自己將來的生活，這是必須的。因此，在投資時要十分謹慎，如果看到可能的損失，就不要投資，例如：放高

利貸這個投資方法，看似妙不可言，其實不實在，因為重大損失很可能會在你未察覺的時候光顧你，你所剩下的將是無窮懊悔。

你還要確保家人充裕的生活，因為諸神有一天總會把你召回去的，想必你也想到了。只要在平日裡定期存一點錢，就可以輕鬆實現此類保障。因此，立刻開始儲蓄吧，那樣就算你一朝入土，對家人的妥當安排也絕對不會中止，這是一個有遠見的男人應該想到的。

要討教有智慧的人和日常都在處理金錢的人。不要重蹈我的覆轍，把得來不易的積蓄交給磚匠阿茲慕，但是對於我的這個錯誤，你如果聽從他們的忠告就可以避免。報酬雖然少但是安全的投資，遠比高風險的投資更能令人滿意。

到了這個階段，不必過分節省，也不必再去存太多的錢，盡情享受人生才是你該做的事。如果你已經可以輕而易舉地存下所有收入的十分之一，為何還不滿足？你也可以量入為出。總之，如此美好的人生中，有許多值得你做的事情，你又何必把自己變成一毛不拔的吝嗇鬼？

表達完謝意，阿卡德的朋友們都離去了。對阿卡德的這一番話，他們當中有些人無法想像也難以理解，因此只是沉默著。也有一些人對此加以譏諷，他們認為，阿卡德的朋友

們如此不幸，而他如此富有，他應該把錢財分一些給他們。但是，也有一些人聽出其中門道，他們領悟到：安加米西多次回到文史記錄廳去找阿卡德，是因為安加米西看見一個辛勤努力的人正從黑暗邁向光明。當辛勤奮鬥的阿卡德找到光明之後，有一個美好的位置正等著他。除非親自體會那些理財道理，並且預備好迎接機會，否則沒有任何人能填補那個位置。

在後來的幾年裡，那些朋友也曾經多次拜訪阿卡德，繼續向他求教。阿卡德十分高興地接待了他們。經驗豐富的人，總是願意把竅門傳給他人，阿卡德也是如此，他無償地說出自己的理財玉律，供他們參考。他們想把存下來的錢投在收益好而且安全的項目上，阿卡德給予幫助，使他們免受損失或被套牢，以致無息可圖。

安加米西的理財訣竅，先傳給阿卡德，又由阿卡德傳給這批友人。他們的人生也有轉折，那是在他們領悟其中奧秘時開始的。

第三章

實現財務自由的七條守則

不應該花的錢,就不要花掉它;做安全和收益
穩妥的投資;應預先保障家庭和未來。

巴比倫的繁榮昌盛，歷久不衰。巴比倫在歷史上一直以「全世界首富之都」著稱於世，其財富之多超乎人們的想像。

　　但是巴比倫並非一直都這麼富裕。巴比倫之所以富裕，是因為它的百姓有理財的智慧。

　　致富之道，也是所有巴比倫人首先要學習的。這一切，來自於薩貢王的治理。

　　薩貢王是巴比倫歷史上的一位明君，然而當他打敗埃蘭族回到巴比倫時，嚴重的問題浮出水面。輔國大臣告訴他：「修建灌溉用的偉大運河和諸神的聖殿，多年以來，使百姓享受著繁榮盛世，這都是陛下的恩德。但是，這些工程現已完工，百姓的生存也出現困難。勞工沒了工作，商人的顧客銳減，農夫的作物賣不出去，而百姓想買糧食，身上的金子卻不夠。」

　　薩貢王急切地問：「這些工程不是花了很多金子嗎，它們都跑到哪裡了？」

大臣回稟：「現在恐怕只有巴比倫城中少數極富有的幾個人手中握著這些金子。這些金子從百姓的指縫流到富人的手中，流動的速度之快，恰如山羊奶流向擠奶人手裡。大部分百姓目前並無積蓄，因為金子流到富人手裡就不再流通了。」

薩貢王思索一陣，然後問：「那些少有的幾個富翁，是怎樣獲得所有金子？」

大臣回答：「因為他們知道怎麼攬金子，一般人不會因為某人懂得成功之道而責怪他。再怎麼追求公義的官員，也不會把一個人用正當手段賺得的財富奪來，分給其他較無能耐的人。」

薩貢王質疑：「但是為什麼？難道全國的百姓不會學習如何獲得金子，以讓自己變有錢嗎？」

大臣回稟：「百姓學會儲蓄和富有的方法？這是很有可能的，陛下。但是讓誰教他們？祭司們嗎，他們根本不懂怎樣賺錢，因此當然是不行的。」

薩貢王追問：「在巴比倫，最精通致富之道的人是誰？」

大臣回答：「陛下，答案就在您提問的同時顯現出來了。您不妨想想，整個巴比倫擁有最多財富的人是誰。」

「我知道了，阿卡德最富有的名聲已經傳遍巴比倫。我的愛卿，我要盡快召見他。」

收到薩貢王的諭旨，阿卡德第二天就來到皇宮了。他已經70歲，但是在面見薩貢王時依然精神飽滿，而且神情愉快。

薩貢王問：「阿卡德，巴比倫的第一富人真的是你嗎？」

阿卡德回答：「跟陛下聽說的一樣，這是大家公認的。」

「你這麼富有，是怎麼做到的？」

「利用機會，我的陛下，而且巴比倫城的每個百姓也可以遇到我所遇到的機會。」

「難道你不曾依賴什麼基礎嗎？」

「有，只是對財富的無限渴望而已。」

薩貢王說：「阿卡德，我們城裡的情況現在是很糟糕的。懂得致富方法的人只有少數幾個，財富都壟斷在他們手裡了，但是在留住所獲金子和理財問題上，廣大百姓知之甚少。使巴比倫成為全世界最富有的城市是我的熱切期望，這個城市必須充滿富翁，才可以達到這個目的。因此，我們必須把致富的方法傳授給所有人民。阿卡德，你說致富有訣竅

嗎？如果有，可以把它教給我的子民、你的同胞嗎？」

阿卡德回答：「陛下，可以的。致富之道可以經由任何一個精通者教給別人。事實上，這是一件相當實際的事情。」

聽了此話，薩貢王眼睛閃出亮光，然後說：「此言正合我意。阿卡德，把這項任務交給你，煩請你費神出力，可否？我會讓一批教師向你學習理財知識，再讓他們傳授給其他人，如此傳下去，直至全國百姓可以向足夠多的教師學習你的致富之道。你願意傳授嗎？」

阿卡德鞠了一個躬，然後說：「小民遵命，我願說出我所知道的一切理財知識，以增加我同胞的福祉，以光大我國王的榮耀。我還有一個請求，希望吾王能令某大臣為我組建一個百人研習班，我要把七條金融學的致富玉律教給他們，要讓巴比倫的所有窮人脫貧。」

於是，薩貢王就下旨了。兩星期之後，一百個研習生已經精選出來。在國家講壇所的大廳裡，他們圍著小桌的周圍坐成一個半圓。奇妙的香氣不時從桌上的一盞聖燈中飄出來，讓人感覺很舒服。

坐在小桌旁邊的，正是阿卡德，此刻他正站起來，一位研習生輕輕推了一下鄰座，然後說：「你看！那個人就是

全巴比倫最大的富翁，但是我卻看不出他跟我們有什麼差別。」

阿卡德開始講述：

承蒙吾王之恩，託以如此重任。現在，我就站在你們面前，將要幫助國王完成願望。我們的國王知道，我曾經是一個窮苦的青年，也曾經渴望得到金銀財寶，只是後來找到致富的訣竅，因此命令我在此講授自己掌握的知識。

跟每個巴比倫公民一樣，我成功之前也是非常貧窮，沒有什麼優勢。

一個破得不能再破的錢袋，就是我的第一個庫房。它總是空空如也，這讓我感到厭惡；它需要總是鼓鼓的，並且經常發出金子碰撞的聲響，那才是我所渴望的。為了讓錢袋鼓起來，我四處奔走尋求妙方，終於找到七條守則。

我即將把這七條守則明白地告訴諸位，這些建議也是我打算獻給所有渴望致富者。我會用七天時間來解說這七條守則，一天一條。

在我講述時，請各位注意聽講。無論跟我辯論，還是跟同學探討，都是被允許的。你們要深刻領悟這些功課，若想為自己的錢囊種下財富的種子，就離不開這些功課。你們若想擁有理財的能力，就必須先累積自己的財富；你們若想把

這些道理講給他人聽，唯一的條件是自己先有錢。

　　這幾個讓錢袋飽滿的方法，都還算簡單，但它們是進入財富殿堂的第一步，要邁入這個殿堂，第一步必須要穩，否則就是妄想。我就要告訴你們這些方法。

　　我們現在要說的是第一條守則。

致富第一守則：先設法塞滿你的錢袋

　　在座位的第二排，有一個人好像在思考著什麼。阿卡德問他：「我的朋友，你的職業是什麼？」

　　那位先生回答：「我是一個泥板刻寫員。」

　　阿卡德說：「一開始的時候，我也是做這個的。我就是憑藉那份同樣的工作賺到第一個銅錢，所以你們變富有的機會跟我是一樣的。」

　　阿卡德看到有一位先生氣色紅潤，坐得比較靠後，就問他：「請你也說說自己謀生的職業，好嗎？」

　　那位先生說：「我是一個屠夫。先宰割從畜農那裡買來的山羊，然後向家庭主婦出售羊肉，向鞋匠出售羊皮，讓他去做涼鞋。」

　　阿卡德說：「你成功的優勢比我當初大，因為你不僅有自己的勞力付出，而且有中轉獲利的便利。」

在場者的職業被阿卡德都問一遍。問完最後一個，他說：「你們現在應該看出來，賺錢的方式，無論貿易或勞動，都有許多種。每一種都是一個管道，把勞動者的勞力轉換成金子，流入他的腰包。因此，每個人本事的大小，決定流入其腰包金子的多少，是不是這樣？」

學員們無不贊同。

阿卡德繼續說：「利用已經擁有的收入開始建立自己的財富，是一個聰明的做法，對不對？」

學員們無不贊同。

阿卡德轉過身問一個看著不起眼的人：「如果你找到一個籃子，每天早晨放進十個雞蛋，晚上拿走九個，天長日久，結果會是怎樣？」那個人在之前已經說過自己是經營雞蛋的。

「籃子遲早會裝滿雞蛋。」

「為什麼？」

「如果我每天那樣往籃子放進和拿出雞蛋，都會有一個雞蛋留在籃子裡。」

阿卡德轉向全班，面帶笑容地說：「你們有誰的錢袋是癟的？」

一聽到這句話，這些學生都笑起來，然後都紛紛揮動自

己的錢袋，開起玩笑。阿卡德接著說：

聽我說，你們應該按照我給蛋商的建議去做，這就是我告訴你們的第一個脫貧守則。想讓你們的錢袋快速鼓起來，你們每往錢袋裡放入十個硬幣，最多只能花掉其中九個。你抓錢袋的感覺，會因為它的加重而變得美妙。你的靈魂也會因此有充實感。

我說的這些話，聽起來是非常簡單的，但你們不能譏笑。這是我之前允諾要傳授給你們致富之路的第一步。我的腰包，過去跟你們一樣也是瘦的，裡面沒有錢，我就無法滿足我的許多欲望，這一切令我惱恨。但是，我的腰包最後鼓起來了，那就是我堅持放進十個硬幣並且只花九個的結果。如果你們這樣做，腰包必定也會鼓起來。

我現在要告訴你們一個極為奇妙的真理：比起以前，我生活的舒適度，沒有因為我的支出總是少於十分之九的收入而下降，沒過多久，我反而可以更輕鬆地累積銅錢。我簡直想不明白，這個道理為何會如此奇妙。不得不承認，這個道理也許是諸神賜給人的規定吧：金子只會更容易流入那些只支出部分收入的人的家門，而不是全部支出者。為何也不會流入錢袋空空的人手裡？其中的道理是一樣的啊！

兩種結果，你們最希望自己是哪一種？可以享用珍珠、

實石、華服和美食，恣意進行物質享受，難道不正是你們每天期望得到的滿足嗎？當然，切實擁有財產、黃金、土地、牛羊群、商品和回報豐厚的投資，也是你們所期盼的。滿足前一項的，是你從錢袋裡取出的那些銅板，而滿足後一項的，則是你存入的那些。

在場諸位，「最多花掉每份收入十個銅板中的九個」，這就是我發現讓錢袋鼓起來的第一招。你們現在可以互相討論，我樂意聽到任何人反駁我，如果他可以證明這些話沒有道理，但是要等到明早的課堂上。

致富第二守則：合理控制你的開銷

第二天，阿卡德接著講述。他說：「如果一個人的收入尚且不能支付日常開銷，又怎麼能存下十分之一？這是某個學生向我提出的問題，為此我要問大家，昨天你們多少人的錢袋空無一物？」

「所有人。」全班異口同聲地回答。

阿卡德說：

但是，你們每個人都有不等於其他人的收入額。有些人能比他人賺更多的錢，有些人可能要養活很多家人，但是錢囊空空是你們的共同點。關於人類有一個真理，我現在就要

告訴你們：我們的「必要支出」等於我們的收入。如果你不是有意反其道而行，這個觀點永遠成立。

你的必要開銷，不同於你的欲望。你們的薪水永遠無法滿足你們和你們家人的欲望，如果滿足這些欲望正是你賺取錢財的目的，你將耗盡所有錢財，可是那樣也無法滿足你。

所有人都有無數欲望，那不是他們可以滿足的。在你們看來，我肯定可以滿足自己的所有欲望吧，畢竟我這麼富有。告訴你們，那完全錯了！時間、精力、旅遊路程、食物、可享受的樂趣，這些東西對我來說都是有限的。

一個不小心，野草就會抓住農夫留下的空地萌生並且極速生長，同理，欲望也會抓住你們預留的空間而極度膨脹。人有數不盡的欲望，只有寥寥幾個能得到滿足。

你應該對你的生活習慣進行一番精細的分析。你可能會發現，有些開銷完全是可以刪減的，儘管當初你認為是理所當然的。你不妨把「錢要花在刀口上」這樣的話作為自己的座右銘，你支出的每一分錢都應該發揮它的全部價值。

因此，你要把每件你迫切想要花錢享受的事刻在泥板上。你錢袋裡十分之九的錢，應該用於支付你選出來的確實必要的事，其他不必要的，都可以刪除。不能依賴這些欲望，要認為它們在無數欲望中是不起眼的，否則你將得到災

難性的後果和無窮的後悔。

你接下來要做的是計畫好那些必要的支出。你的錢袋正在因為那筆十分之一的存款而鼓起來，千萬不要輕易花費它們。儲蓄可以極大地滿足你，你隨時都要實踐它。為了更好地理財，你隨時都可以做出和調整預算，但是保持正在鼓起來的腰包，永遠是首要任務。

一位學生此時站起來發問，他的袍子間雜著金色和紅色：「預算不能管制我；我應該花多少錢，我要在什麼地方花錢，不應由預算說了算。因為我沒有必要從事工作，我相信，對人生各種美好事物的享受，就是我的權利。在我的印象中，我的許多人生樂趣，將因為做出預算而消失，我會感覺背著重擔，跟一頭驢沒有差別。」

阿卡德回答：「我的朋友，你預算的決定者是誰？」

「我自己！」

阿卡德說：

你把預算者比喻成一頭負重的驢，珠寶與地毯和沉重的金條也包含在牠的預算範圍內嗎？不是那樣的。只有從沙漠馱回來的稻草與穀糧和水袋這些東西，才會被牠納入考慮範圍。

使自己的腰包飽滿，才是做預算的目的。曾經在預算，你仍然可以進行日常的必要享受，同時也能讓你滿足其他欲望，而且那是在你能力範圍之內完成的。預算的好處在於，幫助你把感覺最迫切的、你所看重的欲望變成現實，而且就算突然冒出其他願望，也不會使這些欲望落空。預算如同是一盞明燈，就像照亮黑暗中的洞穴一樣照亮你腰包的漏洞。見到漏洞，你就可以堵住了，放縱某些欲望而揮霍錢財的事情，你也就不會再去做。

脫貧致富的第二條守則，就是為你的支出做預算，讓支付和滿足必要開銷以及其他享受和值得的欲望有足夠錢財，有預算以後就成為可能，而且這些是在你的花費低於十分之九的限制條件下完成的。

致富第三守則：讓自己的金子持續生長

第三天，阿卡德講解：

現在，你們已經可以管住自己，堅持存下十分之一的收入，並且可以為了守護增加中的財富而控制支出——看吧！你們的腰包已經越來越鼓了。如何讓財富自己為我們生出財富，是我們接下來要討論的問題；當然，我們也要思考增加財富的秘訣。裝滿金子的錢袋有什麼意義？它只是讓一個吝

嗇鬼的靈魂滿意而已。我們儲存收入的金子，只是第一步。我們財富的養成，靠的是這些金子本身賺來的錢。

問題就在於如何讓這些儲蓄為我們所用。我的第一次投資全部打水漂了，之後我會講述這個悲慘的故事。當我把錢借給一個名叫艾吉爾的盾匠時，我在投資上才開始第一次獲利。他是做銅生意的，每年都要買入幾艘船那麼多的銅，銅是從海外運來的。他為什麼向有餘錢的人借錢？那是因為他沒有那麼多錢買銅。他最終會賣掉銅製品，而且一定會償還本息給借錢給他的人，他為人是誠實的。

我擁有更多的資本，不僅如此，附加在資本上的錢也在持續增長，因為我每次借錢都可以從他那裡收取利息。所有這些錢，最後都回到我的腰包裡，這是最讓人興奮的。

你們要記住，錢袋裡銅板的數量，不能決定一個人財富的多寡。一個人的財富，取決於他累積收入的多少，取決於他的腰包是否飽滿，以及是否有錢財不斷流入。你們以及世上每個人，都渴望自己的腰包不斷匯入金錢，而且對工作或旅行不會造成影響。

我的財富已經夠多了，稱我為富翁並不過分。我在投資上第一次獲利並且得到智慧，就是從借錢給艾吉爾的經歷開始。隨後，我的財富一直在增長，借款和投資金額也越來

多。可以向我借錢的人，也從開始的幾個逐漸增多。我的錢袋總是在持續進帳，因此我相信，這樣理財是明智的。

看！我的收入本來是少得可憐的，但是我卻存下一堆黃金。它們是我的奴隸，全部都為我所用，為我生產更多黃金。幫我賺錢的，還有這些金子的子子孫孫。因此，我的錢庫總是滿的。

有一個農夫，在他的第一個兒子出生之後，把十塊銀錢拿到一位錢莊老闆那裡。老闆是經營貸款業務的，農夫要求老闆在他兒子不滿十二歲之前一直替他放款，還要求把一切所得利息都滾入本金，因為所有的錢都是為兒子準備的。其實，老闆原先答應每四年返還百分之二十五的利息。

農夫在他兒子二十歲的時候去索討這筆銀錢，老闆明確指出，十塊銀錢現在已經變成三十塊五多，因為其計算方式是本利共息。

農夫十分高興，並且他再次把這筆錢託給錢莊去放款，因為他兒子目前還用不到。錢莊老闆在農夫兒子四十五歲的時候結算所有錢款，因為農夫去世了。這筆銀錢總共是一百二十三塊多。

算一下，在這四十五年裡，利息使這筆錢幾乎增長為原來的十二倍多！

合理的投資，會快速增加你的錢財。透過這個例子，你們應該明白這個道理吧！

脫貧致富的第三條守則就是這樣：讓每一分錢繁衍出利息，以增加你的所得，使你的腰包一直有進帳，就像作物在農田積聚一樣。

致富第四守則：防止財富的損失

第四天，阿卡德講解：

災禍喜歡降臨到人們頭上，它向來都是這樣。我們應該存下並且守護小額的金子，因為如果不看護好，腰包裡丟金子的情況可能隨時發生。在老天沒有把更多的金子賜給我們之前，要一直守護下去。

無數看似可以賺到更多錢的投資機會，可能會考驗所有擁有金子的人。一般說來，此類投資可能是你的朋友及親人特別期待的，他們也希望你參加，並且熱切地催促你。

如果你無法確認向你借錢者的能力和信譽可以保證償還，就不要把你的錢借給對方。否則，借錢可能會變成無償的送禮，那是你煞費苦心的積蓄啊！如果你對一項投資的風險還沒有達到透徹的瞭解，也不要把你的錢借給任何人去投資。

對做第一筆投資時的我來說，投資的結果堪稱悲慘。他是一名叫阿茲慕的磚匠，他的生意將跨越重重大洋前往提爾城，並且許諾我，他會買一些腓尼基的名貴珠寶，然後回來變賣，再跟我平分利潤，於是我把一筆積蓄全部託付給他。豈料他遇到了一批混蛋腓尼基人，他們竟然把酷似珠寶的玻璃賣給他。那是我一年累積下來的錢啊，就這樣全部打水漂了。但是經過教訓的我如今已經明白，拿錢給磚匠去做珠寶生意，簡直愚蠢之極，我已經在這一點上相當敏銳。

我給你們的忠告是：從我的失敗中吸取教訓，不要自作聰明地讓投資陷阱吞沒你的財富。在這個方面，多多討教經驗豐富的人是保險的。你可以無償聽取此類專業忠告。你收穫回報的速度可能會很快，而且其數量與你期望中的利潤相等。事實上，使你免遭損失才是這些忠告的真正益處。

總之，對於你的財富，一要保持，二要避免損失。如果要投資，只做安全的投資，或是做可以隨時取回資本的投資，或是不至於收不到合理利息的投資。脫貧致富的第四守則就是這樣，它對可以鼓起並且維持你的錢袋十分重要。

你們跟有智慧的人商量，他們所給的理財良言，你們要謹慎地遵守。擁有他們的智慧，你的財富會得到良好的保護，危險投資會被隔離，你要聽從他們的建議。

致富第五守則：尋找可以獲利的投資

第五天，阿卡德繼續講述：

一個人如果可以為了生活和人生享受而支出十分之九的收入，並且無損於生活品質地花掉另外十分之一的每一分錢去投資，其財富增長的速度就會加快。

絕大多數的巴比倫男人要向地主交房租；養花可以滿足其趣味，可是他們的妻子找不到多餘的地方；他們的孩子們想玩遊戲，也找不到空地，如果要玩耍，只好在又髒又亂的巷子裡進行——他們承擔著沉重的養家糊口的責任。

所謂生活的享受，就要有一片乾淨的土地。孩子們的玩耍，婦女們對花的收拾和養護，都需要這樣的一片土地。甚至家人要吃蔬菜，也要有一片土地可以耕種。

我想向所有人提議，你們應該擁有自己的房子。這樣一來，男人們吃著自己家裡種出來的無花果和葡萄，心裡全是愉悅。屬於自己的住處和甘願養活的家，也是每個男人都期望擁有的。他的自信就是在這種擁有中建立起來的，並且會激發出他潛在的無窮努力。任何人都可以實現擁有房子的願望，只要他對此抱有熱切期望。而且，你們現在可以買到合理價位的土地，因為我們的國王太偉大了，他一直在擴大巴

比倫城牆的外廓，使得許多有待開發的土地變成內城。

同時，如果你們想為自己置辦房屋和土地，做貸款生意的錢莊非常樂意借錢給你們，這一點我必須讓你們知道。還有，如果你可以明確估算購房所需預算，借到錢並且付錢給建造房屋的磚匠和建築商，就不是什麼難事。

房子一完工，就是你自己的。在過去，你把房租交給地主，而現在是付給錢莊老闆，而且是分期付款，你所欠下的債務，會隨著每次支付逐漸減少，全部還清只需幾年。

這樣一來，你就擁有看得見的有價財產，向國王繳稅就成為你的唯一負擔。因此，你一定會收穫極大的快樂。對你妻子來說，經常去河邊洗濯漂亮袍子和澆花澆菜，也就變成可能的。從河邊回來時，她還可以順帶捎一羊皮袋水。更多祝福會降臨到擁有自己房子的男人頭上，其生活成本遠沒有以前高，在其他人生樂趣上，他也有更多閒錢去享受，他的許多欲望也可以得到滿足。

要擁有自己的房子，這就屬於脫貧致富的第五條守則。

致富第六守則：提前為未來生活做準備

第六天，阿卡德對學生們說：

生活是每個人一輩子都要面對的，排除半路夭折的情

況，每個人都要走過一生。因此，為了自己的暮年，為了自己死後家人的生活，每個人都要預備下足夠多的錢。今天帶給同學們的課題是：這樣的預備如何在不具備很強賺錢能力時做出。

一個人如果通曉理財的方法，就可以用此聚集財富，也應該考慮到他的未來。他應該確保將來在經濟上沒有困難，亦即早早預備一筆錢以備年老之需。為此，他必須確立某些投資計畫或產業。

一個人有許多保障將來生活的方法，我不贊成祕密地把財富藏於某個隱祕之地的地下，當然可以那麼做，其方式也許會很高明，但是再怎麼高明，盜賊都技高一籌。

在養老的準備上，一個人不妨買下幾處房產或地產。如果選對了，它們在將來大有價值和用途，它們的價值和利潤永遠不會消失。養老就不在話下，因為如果賣掉它們，絕對價格不菲；如果用於出租，就會有源源不斷的租金收入。他如果有幾筆小錢，可以先在錢莊上壓上一筆，並且定期增加。這筆本錢和利潤將增加很多，因為錢莊老闆會給他利息。

一個名叫埃善的鞋匠對我說，他近八年裡每個星期都在錢莊存兩塊銀錢的定期存款，每年的利息是百分之二十五，

不久前結算時，他總共得到一千零四十塊銀錢，這個結果讓他非常開心。我也替他高興。我還算掌握一些算術，就進一步鼓勵他說：如果你繼續每週在錢莊存放兩塊銀錢，二十年後的本息總共是四千塊銀錢，有了它們，你這輩子都不用再煩惱。堅持這樣儲存生利，當然會得到數量可觀的回報。要知道，即使你現在的生意和投資再怎麼樂觀，老無所依和家人落魄都是沒有人承受得住的。

在這一點上，我要講解得再深入一點。無數人在平日裡定期存錢，其數目雖然很小，但是聚集起來就會相當龐大，用來確保一個人死後其家人的無憂生活，將是綽綽有餘的。我相信，這樣一套保險計畫在未來某天總會被某個智者發明出來。這個計畫是非常高明的，因此我願意全力推薦。但是現今，這是不可能被實行的，因為這種有計畫的繳費，運作的時間必然會超過在座任何人或參與者的壽命，這個計畫必須穩如國王的寶座。

我相信，這樣的計畫必定會在未來某一天問世。哪怕最初的錢數很小，累積到家裡有人去世時也會變成大筆錢財，供剩下的人吃穿用度。因此，世人必將蒙受此計畫的福祉。

然而，我們畢竟是活在現在而非未來，因此任何一種有利的方法，我們若要確保養老就都要加以利用。我給大家一

個建議：現在就為了防範暮年的經濟困難而多想辦法。無論是一個喪失賺錢能力的男人，還是因為家長已故而無法賺錢養家的人，如果口袋裡又毫無分文，那是十分悲慘的。

事先為自己的暮年和家人的生活做好準備，這就是第六條脫貧致富的守則。

致富第七守則：讓自己更有能力賺錢

第七天，阿卡德對學生說：

我今天將告訴你們的致富辦法，是效果最好的一個。然而，我不會在黃金問題上多做談論，而是要談談在座的各位。我要告訴你們有關幾個人的思想方式和生活方式的例子，他們在工作上，有些是成功者，有些是失敗者。

我不久前接待了一個年輕人，他是來向我借錢的，而我發現並且告訴他，他幾乎沒有償還債務的能力。因為當我問他為了什麼借錢時，他在入不敷出的現狀上發起牢騷，他哪裡還有可供還貸的餘錢！

我對他說：「年輕人，自己去賺更多錢才是你需要做的。你要讓自己更有能力賺錢，對此你有什麼想法？」他的回答是：「我在兩個月內向主人要求加薪六次，但是最後落空了。那是我唯一能做的，在要求加薪的人之中，恐怕我是

最勤快的。」

　　他如此簡單地處理事情，可能會遭到我們的嘲笑，但是在增加收入這個問題上，他確實已經具備關鍵條件。他的這個條件就是想賺更多錢的強烈願望，而且這個願望是正當的，也是明智的。

　　這個渴望是致富的先決條件。你必須擁有極其強烈和明確的願望，一般願望則顯得蒼白無力。就算一直想著「希望我變成富翁」，也只是一個極為虛弱的目標。對他來說，擁有五塊黃金的渴望是容易實現的，可是如果可以在得到之後守住這五塊黃金，找到獲得十塊黃金的類似方法，就顯得輕而易舉，他也會有辦法獲得更多黃金，二十塊、三十塊甚至一千塊——他的富翁夢，那個時候不就實現了嗎？對許多小而明確願望的實現，也是對賺更多錢的能力的訓練。從小數目開始，賺一點就會賺更多，財富就是這樣逐漸累積的。

　　一個人的欲望，一定要單一而明確。勢必無法滿足的欲望，則是太多太雜或在個人能力範圍之外的欲望。

　　一個人的賺錢能力，是隨著他職業水準的提高而提高的。

　　我當年的工作是刻泥板，每天只收入幾個銅板，再卑微不過了。於是，我就仔細觀察，發現同事們無論是刻的件數

還是薪水都比我多，並且很快發現其中原因。我下定決心，一定要超過所有同事。在這份工作上，我投入更多的興趣與精力和意志力。皇天不負有心人，最後我成功了，幾乎沒有人可以比我刻的泥板多。我在工作上已經非常靈巧，付出也已經收到回報。我還用得著六次要求主人肯定我的工作能力嗎？

可是賺錢數是隨著我們所獲智慧的增多而增多，在自己的職業技能上更多地研習，就可以獲得更多報酬。一個工匠學習更多技巧和方法的對象，可以是同行中技藝第一流的前輩；律師或醫生也可以向同行求教和交流心得體會；不斷尋找低成本的好產品，則是一個商人可以研習的內容。

每個熱心工作的人，總是想著自己的技巧可以變得更好，以給雇主提供更好的服務，而雇主是他們生活的財源。因此，改變和進步是每個行業的人始終都有的期盼。因此，我強烈要求在座各位都爭取最大的進步，自我裏足只會落在後面。

在理財方面有成功經驗的人，之所以變得富有，有許多事情是關鍵。這些事情是：

（1）努力還債，為此拼盡全力，如果有些東西無力購買，那就不買。

（2）有關照家人的能力，每當被家人思及或提及，無數讚賞油然而生。

（3）為防一朝被諸神召回，及早立好遺囑，並且適當分配自己的財產。

（4）憐憫並且適度地幫助境遇悲慘的人，同時全方位地為自己的親人考慮。

以上這幾件事情，是一個自重的人應該做的。

讓自己擁有並且提高賺錢的能力，研習並且擁有智慧和技巧，還要隨時在行為上自重，這就是脫貧致富的第七條守則，也是最後一條守則。你若遵循此守則，將充滿自信，並且為實現致富之夢做出周到而可行的計畫和安排。

我的七條致富守則，至此皆已備齊，它們得自我長期的成功生活經驗，我強烈要求每個渴望致富者照此而行。

巴比倫的金子比你們夢想中的還要多，這些黃金多得不可勝數，所有人來分也分不完。

儘管勇往直前，採行這些理財之道，你將像我一樣變得富裕。

儘管將這些理財之道教導其他人，讓國王的每個光榮百姓都可以自由地分享到我們所愛之城的龐大財富。

第四章

幸運女神會眷顧哪種人？

就算一個人是幸運的，但是他繼續擁有幸運的
時間卻是無法預料的。把他丟進幼發拉底河，
等到他游上來時，看看他手裡是否還握著珍
珠。

——巴比倫民諺

成為幸運兒是世上每個人都期待的事情，現代人有這樣的渴望，四千年前的巴比倫人也有。被幸運之神寵幸，是大家共同的期盼，可是我們能找到遇見她的辦法嗎？再者，遇見之後，除了得到她的讚揚和注意，我們希望她賜予我們無數財富，這可能嗎？

　　把好運吸引到自家門前的辦法，不管是什麼辦法，到底有沒有？

　　古巴比倫人同樣提出這些問題，並且決心找到答案。他們是靈敏而聰慧的，正是由於這些智慧，巴比倫城才在當時變成最富有和最昌盛的國家。

　　任何學校或學院，在遙遠如斯的古代都是不可能存在的，但他們有一個相當務實的學習中心。

　　巴比倫城中的許多建築都巍峨高大，國王的宮殿和幾座空中花園，還有諸神的聖殿，它們是最顯赫壯觀的。然而，史書很少提及巴比倫的另一座建築，而那個時代的思潮卻受其影響頗多，它就是巴比倫學習院。許多義務教師聚集在學

習院裡，他們解釋傳播古人的智慧；在那裡，人們還可以公開針對各種大眾感興趣的話題進行辯論；學習院裡的每個人的地位都是平等的；沒有被懲罰之憂，甚至最卑微的奴隸跟貴族子弟的爭論也是被允許的。

阿卡德經常在學習院裡現身。這位睿智的富人，在全巴比倫享有第一富翁的美名。學習院單獨為他設立了一間廳堂。在那裡面，阿卡德被一大群人包圍著，共同針對有趣的問題展開辯論。幾乎每晚都是如此，其中中年人佔多數。現在，讓我們想像自己也在那個廳堂裡，聽著他們的辯論。關於如何獲得幸運之神的青睞，他們是否已經得到答案？讓我們拭目以待。

夕陽將墜，天邊有如沙漠，沙漠之上如夢似幻，一個大火球在上面閃爍著紅色的光芒。一如往常，阿卡德邁步登上台階，廳堂裡已經有四十多人在等著他。他們齊聚一堂，在地毯上斜身坐著，同時陸續有人進入廳堂。

阿卡德問：「今天晚上，我們以什麼為話題？」

按照慣例，要發言的人必須站起來。眾人猶豫一下，一位身材高大的紡織匠起身說：「我有一個話題，希望和大家一起討論，但是因為害怕阿卡德和各位取笑，就不敢說出來。」

阿卡德和眾人誠懇地催促他快說，於是他繼續說：「我今天非常幸運地撿到一個錢袋，裡面裝滿黃金。於是，我有一個熱切的想法，就是希望繼續得到這種幸運。我這樣的渴望，也一定是我們當中許多人所想的，因此我提議大家今天就此討論一番，看看能否找到一些吸引並且抓住好運的方法？」

　　阿卡德評論道：「這是一個對大家來說十分有趣而且值得討論的問題。有些人認為，幸運事件如同意外一樣，它發生在某人身上，沒有什麼原因，純屬隨機事件。還有人認為，那是幸運女神艾希坦的大方賜予，誰討她歡心，她就樂意把禮物賜給他。各位朋友，我們能否為每個人尋求招攬好運的方法？你們都說說自己的看法吧！」

　　想聽到答案的人越來越多，他們紛紛說：「妙極了！我們就討論這個話題！」

　　阿卡德繼續說：「跟紡織匠相仿的不勞而獲的經驗，我們當中有誰享受過？有誰發現或得到富足財富，卻沒有付出勞動？請他站起來談談，我們先聽他說這種經驗，再開始討論也不遲。」

　　眾人沉默地互相看著對方，顯然都期待著某個人站起來說話，但是一個也沒有。

阿卡德說：「一個也沒有嗎？看來這種幸運還是太少見了。我們接下來應該怎麼進行，誰能給出一些指示？」

　　人群中站起一位身穿錦袍的年輕人，他說：「我來起個頭。說起幸運，它經常發生在賭桌上，從那裡開始談論，這對我們來說不是很自然嗎？賭博時，許多人都希望幸運女神降福，讓自己贏錢，於是極盡奉承之能事，這些你們也都見到過，不是嗎？」

　　說完，年輕人就坐下了。有一個聲音說：「接著往下說啊！你的骰點如果是紅點，就可以從賭場莊家那裡贏得無數銀錢，進而填滿你的錢袋；如果是藍色的一面，你辛苦賺來的錢就要輸光了。我們想知道的是，幸運女神是怎樣幫你的，是否已經降福給賭桌上的你？」

　　眾人發出笑聲，面帶善意。年輕人也一笑，然後說：「我必須照實地說，當我就在賭場時，幸運女神都不知道！你們其他人的運氣怎麼樣？是否曾經在那裡感覺到她的存在，她有沒有轉動你的骰子，以讓你贏錢？如果有此類例子，請拿出來讓我們研究，我們很渴望聽出一些門道。」

　　阿卡德說：「這個開頭很妙！我們是為了討論各種豐富的問題才聚在這裡，因此不能忽略賭桌上的問題。賭桌上碰運氣，以少量銀子贏得大量金子，不正是大多數人的本能和

喜好嗎？」

又有一個人插嘴說：「我忽然想起昨天戰車比賽中的押賭。每輛戰車鍍金，每匹戰馬汗透全身，賭牠們在競技場上的名次的刺激程度，遠遠超過搖骰子的賭博。如果幸運女神經常光顧賭桌，也一定會看出這一點。阿卡德，你昨天在尼尼微城押的是那群灰馬所拉的戰車，請你老實地說，你是不是事先得到幸運女神的秘密通知，知道那樣下注肯定贏？昨天，我就站在你身後，看著你那樣下注，我簡直不敢相信自己。我們鍾愛著巴比倫紅棕色的寶馬戰車隊，牠們是任何一隊亞述戰車隊都不可能打敗的。你清楚這一點，所有人也都清楚，難道不是嗎？

「結果，最後勝出的竟然是灰馬，因為塞利的黑馬在關鍵時候摔一跤，給紅棕色駿馬帶來干擾，要不然牠們是沒有機會贏的。阿卡德，幸運女神曾經輕聲告訴你應該押灰馬，對不對？」

聽了這樣的嘲諷，阿卡德大聲一笑，然後說：

幸運女神是否會對在馬匹上押注感興趣？我們覺得她會，可是有什麼理由？我一直認為，這位尊貴的女神是很有愛的，只要一個人有困難，她都願意施以援手，只要一個人配得上，她就會降福給他。遇見她，當然也是我的渴望，但

是遇見的場景是我做其他更有意義事情的時候，或是某個更值得收穫回報的地方，而不是在賭桌或賽馬場，不是人們總是想著少輸多得的地方。

為什麼有些人看起來總會得到獲利的機會？因為，憑藉自己的努力或誠信交易，你總能在耕種土地和做生意以及其他行業中賺大錢。計算失誤或是遭遇風浪和壞天氣，可能會讓你有時候賺不到錢空忙一場。但是，盈利的願望總會實現的，只要你始終堅持。

然而，賭博是一種相反的情況。撈錢的機會經常接近賭場莊家，卻疏遠賭客。賭博是莊家用來贏錢的工具，是他精心設計出來的。他以賭博為生，為了贏到賭客的錢，他會想盡辦法的。莊家贏錢的機會總是很大，但是幾乎沒有一個賭客知道這一點，更不知道輸錢的總是自己。

想想我們是怎麼在骰點上押注的吧！每次投擲，我們都要賭它哪一面在上，紅心一點在上，莊家給我們的錢，是我們所下賭注的四倍；我們輸掉賭注的情況是，其他五個點數的任何一個在上。照這麼算，每次投擲，我們輸錢的機會是五，而贏錢的機會是四，因為擲成紅心一點我們就會贏四倍賭注。賭一整夜，所有賭注的五分之一都會流向莊家，而賭客卻註定要輸掉所有賭金的五分之一，這都是莊家可以預料

到的。對賭客來說，如此安排意味著贏不到錢的命運，試問他可以違背命運嗎？

聽眾之中有一個人說：「但是，畢竟還是有人最後贏走一大筆錢！」

阿卡德回答：「贏錢的賭客確實存在。但是，就算一個人有賭運，這種方法能否為他建立永恆不變的財富？在我看來，這才是問題所在。我在巴比倫所認識的成功者之中，沒有一個是靠賭博建立功業的。你們今晚聚集在這裡，所認識的巴比倫人比我多很多，我很想知道他們當中利用賭桌而走向成功的有幾個。如果有這樣的人跟你們結識，就請說說。」

一陣沉默。忽然，有一個人輕率地問：「賭場莊家算在裡面嗎？」這個人平日裡就喜歡開玩笑。

阿卡德繼續說：「如果想不起任何這樣的人或這樣的例子，為什麼你們不談談自己？你們總是在賭場上贏錢，不站出來說說致富經，是不是在害怕猶豫？」

這些挑戰的話一經說出，全場人譁然而笑。

阿卡德繼續說：「幸運女神經常會去這些地方，但是去那裡尋找好運，對我們來說顯然是辦不到的。目前來看，我們還沒有那份好運撿到錢袋，在賭桌上好運臨頭的事情，也

從來沒有發生過。說到賽馬，老實說，我輸掉的錢比贏來的更多。因此，讓我們在其他領域展開討論吧！」

「不妨在你們各自的行業上想想，一個再自然不過的道理是：我們在工作上勤懇努力，收入的錢財就是我們應該得到的回報。我覺得，可能幸運女神已經恩賜我們，只是我們小看這個恩賜。或許，她真的一直在幫我們，只是被我們拒之門外。對此，有誰想深入說說？」

此時站起一位歲數偏大的商人，身穿的白袍顯示他是一個十足的紳士。他整理袍子，然後說：「我想說說我的意見，希望無比尊貴的阿卡德和各位朋友可以允許。如果我們的努力，真的已經使我們在自己的行業裡取得一些成就，正如阿卡德所言，我們可以針對這樣的機會談論一番，即：我們怎樣在可能獲得巨大財富的機會面前功敗垂成？恐怕不能說我們已經得到合理的回報，因為這些機會最後溜走了。此類事情，相信在座的許多人必定經歷過。如果這些機會得以完成，確實是稀有好運的寵幸。」

阿卡德讚賞地說：「這個討論方向真是極好的！你們當中看著即將到手的好運溜走的還有誰？」

舉手示意的人有很多，剛才發言的那位商人也在其中。阿卡德對他說：「就從你打開的方向開始談起吧，你有什麼

意見，現在請告訴我們。」

那位商人說：「多年前，我曾經十分接近一個好運，卻因為我的盲目而痛失良機，現在我追悔莫及。我很願意把這個故事說給大家聽。」

那位商人開始講述：

那個時候，我是一個新婚不久的年輕小夥子，正想著大幹一場賺些錢。有一天，我的父親來到我這裡，告訴我一個投資項目，那是一塊荒地，接近巴比倫城的外城，是我一位世伯的兒子探查到的。水患不會波及這塊地，因為它高出運河許多，父親極力敦促我加入。

按照世伯之子的計畫，要先把這塊土地買下來，再用耕牛開闢出肥沃的土地，並且為引來的水源而建造三座巨大的風車。這塊土地將在風車建成後分成若干小塊，讓城裡的旱田農夫買去耕種。作為年輕人，他跟我一樣只是領固定薪水，如此宏偉的一個計畫，他沒有足夠的金子來完成。他父親的家庭背景跟我父親一樣，都不算富裕。因此，為實現這個計畫，他決定找幾個志同道合的人入夥。最後，他總共找到十二個同樣拿固定薪水的人，而且他們為了開墾這塊土地而願意投入各自十分之一的收入，賣出土地所得的利潤，將由所有人平分。

我父親對我說：「孩子啊，你正值年輕力盛，應該著手積聚自己的財富，這是我對你的殷切期盼。那個時候，大家也會更尊重你。」

我回答：「父親，這種最真摯的渴望，我何嘗沒有？」

父親說：「那就好。我給你的忠告和希望是，像我年輕時一樣，做年輕人應該做的事情，並且吸取我的失敗教訓。你應該拿出十分之一的薪水，投資在有利可圖的項目上。如果能收回這十分之一的錢及其盈利，或許你在我這個歲數之前就可以累積巨大財富。」

我說：「父親，感謝你充滿智慧的忠告，致富也是我熱切渴望的。但是我十分猶豫，因為我的開銷太多了。我以後有的是時間，不管怎麼說，我現在還很年輕，不是嗎？」

父親說：「我在你這個年紀時，也有這種想法。但是多年之後，我至今沒有在致富的道路上邁開步伐，你也看到了，不是嗎？」

「父親，我應該避免做出錯誤決定，我們的時代已經與你年輕的時候不同。」

「孩子，我敦促你不要再拖延下去。這個機會就在你面前，它可能會把你帶上致富之路。你要加入世伯兒子的計畫，你明天一大早就去找他，並且商量投入十分之一薪水的

事。要快！今天能看到機會，明天它可能就不見，機會從不等著誰，因此你千萬不要延誤時機！」

我的猶豫沒有被父親的諄諄勸說打消。那個時候，從東方過來的貿易商帶來許多十分漂亮的衣服，我和我妻子都想各自擁有一件，我剛買下幾件嶄新的袍子。我沒有聽父親的話，拿出十分之一的薪水加入那項投資，如果那樣做，我們就無法得到這些漂亮衣服，也無法享受到其他的生活樂趣。當時，我一再猶豫，遲遲做不出決定，最後白白錯過機會。沒想到，那項投資計畫最後收穫極其豐厚的利潤，讓我到今天依然後悔不已。這就是我跟幸運失之交臂的故事。

對此，一位來自沙漠而皮膚黝黑的壯漢說出一番評論：

這個故事還告訴我們，一個人只要「接受機會」，好運就會降臨到他頭上。在行動上不開始，財富的建立就不可能。當你要進行第一筆投資時，也許只能從薪水裡抽出少許的銀錢或金子。我現在擁有許多牛群和羊群，牠們開始於一隻小牛犢，那是我還是一個小男孩的時候，用一個銀錢買下的。對我來說，這隻牛犢非常重要，因為我日後的財富都是從牠開始累積起來。

所謂行好運，指的就是邁出建立財富的第一步。有了這

第一步，一個人的賺錢方式可能就從出賣勞力變成收取儲蓄帶來的利息，因此它極具重要性。那些在年輕的時候邁出第一步的人是十分幸運的，比起那些起步很晚的人，或是像這位商人父親那樣不曾開始的不幸者，他們在財富上取得更大的成功。

機會也曾經在這位商人朋友年輕時降臨，如果他及時邁出第一步，可能今天所擁有的好東西會更多。那位紡織匠朋友不是撿到滿滿一袋金子嗎？如果他可以把這些金子作為開端，邁出類似的第一步，他將累積更多的財富。

此刻，人群中站起一個從其他國家來的不知名者，他說：「感謝你們的發言！請允許我說幾句。我是敘利亞人，不太會說巴比倫話。這位商人讓我想起一個詞語，可能你們覺得我那樣說不禮貌，但是我覺得完全可以用那個詞語來形容他。可惜我不知道巴比倫人怎麼說這個詞語，所以我懇請有哪位朋友告訴我，在巴比倫語中，哪個詞語是用來形容因為猶豫拖延而錯過對自己可能有利事情的行為？」

一個人回答：「貽誤。」

這個敘利亞人高興得拍手，然後說：「就是它！正如我們這位商人朋友，機會就在眼前，卻沒有立刻行動，他就是貽誤大王。這位商人朋友沒有把握住當時的機會，卻在等候

什麼。他說自己現在忙著做其他事情，而我要說的是，慢吞吞的郎中，從來不會有機會降臨。也許幸運之神是這麼想的，如果幸運真的是一個人的渴望，他就會立刻行動。」

在場所有人都笑了，而那位商人站起身來，友善地鞠了一個躬，並且說：「這位遠方來的客人，你一句話就指出我的問題所在，請接受我的敬意。」

阿卡德此時說：「現在，其他人還有沒有關於機會的故事或經驗？請再給我們講述一番。」一位身穿紅袍的中年人說，自己也有一個故事：

我的生意是買賣畜類，其中大部分是駱駝和馬匹，綿羊和山羊也有，但是只佔少數。我將講述一個機會在一個夜晚降臨到我身上，但是我卻無知錯過的故事。我之所以讓機會溜走，可能正是因為沒有想到那是一個機會吧！至於我是怎麼讓機會逃掉的，你們聽完故事就會一清二楚。

已經十天了，我一直在尋找駱駝，始終找不到，我快要放棄了。更令我生氣的是，我回城時發現城門已經鎖上了。沒辦法，我只好在城外過夜，我讓我的奴僕支起帳篷。城外沒有水，我們只有很少的食物充饑。跟我們一樣被鎖在城外的，還有一位老農夫。

他是剛才趕過來的，問我：「這位貴人，我從外表斷定

你是一個做生意的買主。我已經把一群上好的綿羊趕在一起，如果有幸言中，我很樂意把牠們賣給你。唉！我必須盡快趕回家裡，因為我妻子罹患熱病，病情很嚴重。如果我能將羊群賣給你，就可以跟我的奴僕一起騎著駱駝盡快趕回家。」

我無法看清他的羊群，因為當時天已經黑了，但是我知道，牠們肯定是很大的一群，我是透過羊叫聲聽出來的。可以跟這位農夫做一筆生意，我當然樂意了，因為我已經在收購駱駝這件事情上做了十天無用之功。焦急之中，他提出一個我能接受的合理價錢。這些羊明天一早就會轉手賣出好價錢，因為我的僕人會早早地趕羊入城。

交易已經談成，我命令我的僕人點起火把，開始清點有多少隻羊。農夫告訴我，總共是九百隻。那群羊口渴難耐，轉成一團，聒噪得令人心煩，要數清牠們極為困難。在這一點上，我就不向你們絮叨，總之結果是：要算出牠們的總數，根本是不可能的。於是，我明白地告訴農夫，現在不能付錢，因為羊的數目無法算清，只能等天亮以後再說。

農夫苦苦懇求：「請大老爺發發善心，今晚先把價錢的三分之二付給我，讓我趕回家裡吧！為了幫你數清有多少隻羊，我願意把自己最聰明能幹的僕人留在這裡，明天天亮就

可以數清。等清點完畢，你可以把剩下的錢給這位奴僕，他很可靠。」

然而，我不願意當晚預付任何銀錢，可見我有多麼固執。

第二天早上，城門在我醒來前已經打開，並且衝出四個畜類買主。他們都要購買那群羊，而且相當急切，都願意為此出高價，因為城裡發生災難，只剩下一些糧食。他們給出的價錢，竟然是昨夜農夫向我要價的三倍。我這才明白，原來是一個天賜的絕少機會，卻被我錯過了。

阿卡德評論道：「這是一個罕有的故事，誰有什麼智慧的啟示，願意來說說？」

一位很有威望的馬鞍匠回答：「透過這個故事，我們可以知道，應該當機立斷為自己確認為明智的交易付錢。自己或是他人的軟弱，可能會損害一筆真正的好交易，因此我們有必要加以保護。人們總是在改變想法。唉！我必須承認，在即將做錯的時候醒悟並且改變決定的人，沒有比在做對之後改變心意的人多。我們經常這樣：明明做得是對的，卻因為再三的猶豫和反悔而痛失良機；即將做錯的時候，反而無法醒悟過來。最初做出的判斷，往往是最好的。當然，這只是就我而言。但是我也經常發現，我很難驅策自己在敲定一

項好的交易之後，繼續往前進。因此，為了防範我的軟弱，我會趕快付錢。這樣一來，我才不至於後悔沒有好好把握運氣。」

那位敘利亞人再次起身說：「感謝各位的發言！我還有幾句話想說。各位以上所述，都是一些幾乎類似的故事，也就是機會溜走的原因都是一樣的。對於拖延的人，機會來臨時，都會給他帶來一個好計畫，但是他一直在猶豫，不會用『時機就在眼前，我要好好把握』來驅策自己。到底怎樣才可以把機會成功地抓在手中？」

一位買賣畜類的商人說：「我的朋友，你說出一些真知灼見。這些故事都在說明，對容易拖延的人來說，機會總是在一瞬間就消失不見。我聽了這些故事以後，有一個發現，那就是：我們的敵人，就是自己。因為這些例子都是常見的，沒有人不是循規蹈矩和猶豫拖延。變得富有是我們共同的渴望，然而拖延的毛病經常耽誤機會。我們總是有各種理由來拖延，並且對機會加以拒絕。

「這位敘利亞人所說的話，我年輕時也無法理解。我也曾經丟掉許多很好的貿易機會，我一開始的時候歸咎於自己失敗的判斷力，後來又認為是自己固執的性格所造成。最後我才發現，我那個要命的拖延毛病，才是問題所在。每當需

要做出關鍵行動的時候，我往往沒有行動。對於這樣的性格，我簡直抱以憎恨。我就像駕著一輛戰車，但是拉車的驢子罹患癲狂症，這使我痛苦不堪。因此，對於這個阻礙我成功的敵人，我要竭盡全力擺脫它。」

敘利亞人說：「我對你說的話表示感謝。你身穿錦衣，談吐間顯露出你的成功而不同於窮人，我有一個問題想請教你，當拖延的毛病在你耳邊輕輕發出勸誘的聲音時，請告訴我們，你會不會聽從。」

商人回答：「對於自己拖延的毛病，我不能否認，也必須克服，就像那位畜類買主一樣。它就像一個隨時盯著我的敵人一樣，每當我將有所成就時，它就出來制止我。我的故事只是眾多事例中的一個，習慣性的拖延總是會趕跑我的機會。意識到自己有拖延的毛病，戰勝它就不是難事。誰都不想自己的糧食被小偷偷走，敵人若要搶走自己的客戶和利潤，想必任何一個人都不會答應。

「此類拖延行為，確實如敵人一般掣肘於我。明白這一點，我就下定克服它的堅強決心，這也是每個人應該做到的。如果我們連自己的拖延都管不住，還憑什麼盼望著分享巴比倫的巨大財富？

「阿卡德，你的意見如何？在巴比倫的富翁中，就是你

最有錢，許多人都認為你是最幸運的。對於我的觀點——不清除拖延惡習，則全面成功無望，你是否認同？」

阿卡德贊同地說：「你說的話切中要害。無數有才華的人在我這一生中出現了，他們當中的許多人獲得成功，有些在貿易上，有些在科學和教育上，他們都得到機會。對於機會，有些人可以抓住並且堅定地去實現心裡最深處的願望，但是猶豫而不進反退導致最後失敗的人還是佔大多數。」

阿卡德轉過頭對那位紡織匠說：「我們對幸運話題的討論，是從你的提議開始的。現在你在這個話題上有什麼想法，請告訴我們吧！」

紡織匠回答：「我原先對幸運的看法是不同的。我曾經把幸運理解成不勞而獲，而且可能所有人都想得到它。我現在瞭解，人們不對這種事情感興趣。大家的討論已經清楚地告訴我，只有好好利用機會才可以招致幸運。因此，如果未來還有機會降臨於我，我一定會盡全力好好把握。」

阿卡德說：

對於包含在我們討論中的真理，你已經完全領悟。確實，我們已經發現幸運現身的方式，一般是尾隨在機會背後，除此之外幾乎沒有別的。幸運女神也曾經把絕佳的機會降給我們這位商人朋友，如果他當初接受了，可能最好的運

氣已經歸他所有。這位畜類買主同樣也可以在好運中享受，如果當初買下那群羊並且高價賣出。

我們在這次討論中，探尋找到和招攬幸運的方法，我認為我們已經找到其中的幾個。關於幸運是怎樣在機會背後等待降臨，我們已經透過以上兩個故事有所瞭解。接受面前的機會，我們就可以迎來好運，這個永恆真理就隱含在這些故事中。至於裡面的主角最後是否得到好運，是他們自己的事情。

一個人只要有抓住機會並且建立財富的渴望，幸運女神就會產生關照他的興趣。誰讓她感到滿意，她就甘願施以援手，最能讓她感覺滿意的，就是那些果斷行動的人。

你熱切期盼中的成功，以行動為嚮導。誰會做出實際行動，幸運女神就眷顧誰。

第五章

黃金定律——錢生錢的秘密

智慧地利用黃金，黃金為我們帶來利益的速度，甚至高出穀糧收穫速度的幾倍。

二十七個人饒有興味地聽著卡勒貝伯老人家講述，沙漠上火熱的太陽把他們的臉曬成古銅色。

卡勒貝伯問：「一邊是一個錢袋，裡面裝滿黃金；一邊是一塊泥板，上面刻著智慧之言。如果你有機會選擇，你要哪個？」

他們異口同聲地回答：「黃金，黃金！」

卡勒貝伯會心一笑，手指著外面說：「你們聽，外面的野狗正在夜裡狂吠，因為牠們餓了。想想牠們吃飽之後會有什麼舉動吧！不是打架就是趾高氣揚地踱步，然後還是打架或是趾高氣揚地踱步，只是越來越厲害。至於能否活到明天早上，牠們根本不往那個方面想。」

「人類何嘗不是如此？當人們面臨黃金或智慧的選擇時，他們會對智慧棄之不顧，選擇黃金並且揮霍一空。對他們來說，黃金總會一去不復返，於是他們第二天一早就悔恨地大聲哭嚎。黃金會為誰留下？只為那些懂得並且遵守黃金定律的人。」

忽然，一股寒風在原本已經如此寒冷的夜吹來，卡勒貝伯順手拉緊身上的白袍，繼續說：「在這樣的長途跋涉中，你們曾經忠心地服侍我，我的駱駝也受到你們最好的照料。在炎熱的沙漠中，你們任勞任怨地與我同行。當遭遇強盜時，你們為保護我的財物而進行勇敢的抵抗。正是因為這些，我今晚要告訴你們一個聞所未聞的故事。這個故事，說的是關於黃金的五大定律。

　　「聽著！對於我接下來要說的，你們要隨時注意，因為你們將擁有無數黃金，如果你們領悟並且遵守其中的真諦。」

　　卡勒貝伯神情莊重地停頓下來，暫時不說了。巴比倫的夜空現在是寶藍色，它清澈透明，群星在上面閃耀。這一群主僕身後的帳篷，就在星光的照耀之下。沙漠裡就算會有暴風雨，這些帳篷也不會受到影響，因為它們牢固地紮在地上。無數成紮的貨物，羅列在帳篷旁邊，有獸皮蓋在其上。附近的沙地上，零星分布一群駱駝，有幾頭正在嚼著食物，很滿足的模樣，此起彼伏的鼾聲，從其他駱駝口中傳來。

　　包紮貨品的工頭說話了：「卡勒貝伯，我聽你說過許多故事。得到你的智慧，並且在我跟你之間的工作合約到期之後賴以為生，正是我所盼望的。」

卡勒貝伯說：「我曾經在陌生而遙遠的國家冒險，我的經歷已經告訴過你們，而今晚我要說的故事，是關於最聰明的富翁阿卡德的。」

工頭說：「在整個巴比倫，他最富有，我們聽過許多關於他的事情。」

卡勒貝伯說：「確實如此。他之所以成為最有錢的人，是因為從來沒有人像他那樣精通管理黃金的方法。許多年前，在尼尼微，他的兒子洛麥希爾曾經告訴我一個關於他的故事。那個時候，我還是一個少年，我今晚就要告訴你們這個故事。

「有一次，因為幫主人給洛麥希爾帶去多捆高品質的地毯，我跟主人一起拜訪洛麥希爾的豪宅，並且留到深夜時分。他的宅院如同宮殿一般，我們詢問洛麥希爾是否滿意他所試的每種顏色的地毯。結果他十分滿意，並且邀請我們同坐，共飲美酒以讓肚子暖和起來。那真是世間罕見的美酒，洛麥希爾很少這樣款待他人。我們就是在那個時候聽他講述有關他父親阿卡德智慧的故事，而現在我要轉述給你們聽。」

卡勒貝伯繼續講述：

你們都知道巴比倫有一個習俗，為了方便財產繼承，富

家子弟要一直跟父母住在一起，但是阿卡德卻反對這個習俗。因此，阿卡德在洛麥希爾成年的時候，把他喚至面前，並且給他這樣的訓誡：「我的孩子，由你來繼承我的遺產是我所期盼的，但是你有智慧和能力管理它們嗎？你要先證明你自己。怎麼證明你有能力獲得黃金並且得到眾人的敬重？我想讓你到外面的世界闖蕩一番。」

「我會給你兩件我當年白手起家時所不曾擁有的東西，有了它們，你可以有一個良好的開端。」

「第一就是一袋黃金。你將來的成功，要以這袋黃金為基礎，前提是你可以妥善地加以運用。」

「第二是一塊刻著管理黃金五大定律的泥板。如果你可以把這些定律落實在行動上，它們為你帶來的資產將是相當可觀的，還會讓你感覺是安全的。」

「你必須在十年之後回到父親這裡。你在外面賺來的資產，也要當著我的面數清楚。如果你證明自己值得擁有我的遺產，我就留給你，否則祭司將得到它們，他們將懇求諸神讓我的靈魂享受安寧。十年之期，就從今天開始算。」

就這樣，洛麥希爾帶著一袋黃金和一塊泥板騎馬出門去闖蕩，那塊泥板用絲綢妥善地包裹著。按照跟父親的約定，洛麥希爾在十年之後返回家中。為了給他接風，阿卡德設置

豐盛的宴席，並且證明許多親友。在大廳旁邊，有一個座位如同國王的寶座一般。宴席結束以後，阿卡德夫婦來到座位上，洛麥希爾則立於他們面前。天色已經暗下來，房間裡充滿煙霧，那是從昏暗油燈的燈芯裡飄出來的。經過父親的允許，洛麥希爾開始計算他從外面賺來的錢財。整個場面顯得十分尊貴，煙霧被身穿白色外袍的奴隸用棕櫚葉撲散。在洛麥希爾的席子後面，坐著他的妻子和兩個幼子以及阿卡德家的親友，對於洛麥希爾的闖蕩經歷，他們都想一聽為快。

洛麥希爾慢慢地講述：「父親，我要先鞠上一躬，以讚嘆您的智慧。我在十年前剛成年，您不要我坐等您的遺產落到我頭上，而是要我出去闖蕩，做一個出類拔萃的人。您大方地把一袋黃金和您的智慧給我，可惜我不得不說，我失敗地使用那袋黃金。事實上，我任何經驗也沒有得到，就花光所有黃金，如同一個青年第一次抓住一隻野兔，卻被牠從手上逃脫。」他的語氣很恭敬。

阿卡德笑著表達他的寬容，然後說：「說下去，我的孩子，我想聽你的故事，任何細節都不要漏掉。」

洛麥希爾說：「尼尼微是一座新興的城市，在那裡或許會撞上好運。懷著這個判斷，我一出門就去那裡。我加入一個在沙漠中旅行的商隊，並且結識其中的幾個人。在旅程

中，我從兩位朋友的口中得知，在尼尼微有一個富翁，他自信地以為自己手中的一匹馬是神駒，可以跑贏所有馬匹。他誇下海口，可以超過牠的馬，在這個世上還沒有出生。他立下賭約，不管賭注多麼高，他都願意押自己的神駒。這兩位朋友極善言談，他們也有一匹漂亮至極而健步如飛的白馬。他們也絕對自信地說，尼尼微那匹馬只是一匹蠢馬，他們的馬可以輕易戰勝牠。他們大方地邀請我，讓我押他們的馬，我也有些心動，就加入這場賭馬。結果，許多黃金被我輸掉了，因為我們的馬輸得一塌糊塗。」

　　阿卡德只是一笑，沒有說話，洛麥希爾繼續說：「我後來才發現，這兩個人是混在旅行商隊中的騙子，尼尼微的神駒主人是他們的同夥，騙來的賭注被他們三個平分，他們經常進行這種勾當。我外出闖蕩第一堂課的內容，就是這個奸計。很快的，我在另一個更悲慘的功課中學到教訓。在旅行商隊中，另外有一個年輕人，我跟他結識，關係很好。跟我一樣，他出身於富裕家庭，也想到尼尼微，並且找一個適合的安身之所。我們即將到達尼尼微時，他說那裡剛死去一位商人，他有一間店鋪，裡面有豐富的商品，主顧也非常多，如果現在去接管，只要支付一些錢。他提議我們合夥買下那家店，但是要完全由我拿黃金支付，因為他必須先返回巴比

倫去取黃金。我答應這件事情，等他取回黃金，再跟我一起經營。

「可是，自從他返回巴比倫之後，我有很長的時間沒有見到他。後來再次證明，他很失敗，愚蠢地隨意揮霍金錢。最後，我要把他趕出我們共同經營的那家店面。然而，生意已經糟糕到極點，裡面的貨品都賣不出去，想添購新貨又沒有黃金。後來，我遇到一個以色列人，無奈地把店面轉賣給他，轉讓價格低得可憐。父親啊，我之後依然是在淒慘中度過的。由於我沒有受過任何職業訓練，我跑斷腿也沒有找到工作。為了有食物吃，有地方可以安身，幾匹馬、奴隸、額外的名貴衣服，先後都被我賣掉。之後的每一天，我越來越不敢花錢。」

「但是父親對我的信心一直激勵我，即使我身處淒慘之中，也不能辜負您對我的期望，一定要做一個出類拔萃的人。」

洛麥希爾的母親聽了這些話，小聲地掩面哭泣。洛麥希爾繼續說：

「就在此時，我想起您送我刻著『掌握黃金的五大定律』的泥板。我把您的這些智慧仔細念幾遍，才明白如果事先閱讀它們，就可以避免損失所有黃金。我在每條定律上精

心鑽研，並且下定決心，一定要摒棄年輕人愣頭愣腦的亂撞，而讓長者有智慧的教訓指導我的行為，我要再次把幸運女神招到身邊。今晚在座的各位，我父親給我的智慧，十年前就刻在泥板上，現在為你們著想，我要一一宣讀出來：

運用黃金的五條法則：

一、黃金願意進入這些人的家門：他把所得黃金的十分之一或更多儲存起來，並且為自己和家庭的未來支出它們。這樣一來，他的黃金會越來越多。

二、黃金自願殷勤地為這些人效勞：他智慧地發現，黃金可以作為獲利工具。如果良好地利用它，黃金為他帶來利益的速度，甚至高於田地出產穀糧的速度幾倍。

三、黃金甘願留在這些人的手中：他對黃金小心守護，並且聽從智者的意見，好好利用。

四、這樣的人將丟失黃金：他投資自己不瞭解的某個行業，或是其投資用意是個中高手不贊成的。

五、一個人如果這樣支付黃金，他將丟失並且再也無法得到黃金：他聽從不可能獲利的建議或是騙子的誘騙，或是自己沒有任何經驗，以及依靠自己天真的投資概念。」

「父親為我刻下運用黃金的五大定律，悉數如上，它們的價值遠勝黃金。現在，我要繼續講述我的故事，並且稱頌

這些定律。」洛麥希爾再次轉向父親，繼續說：

「我在之前說到我生活困難到極點，那是我缺乏經驗所致，但是我沒有處在無窮無盡的災難中。一番艱苦之後，我找到一份工作，負責管理一群建造城牆外廓的奴隸。拿到第一份薪水以後，我存下一塊銅板，因為我已經懂得運用黃金的第一定律，並且只要有機會，我就會不斷存錢，那些銅板終於變成一塊銀錢。但是我存錢的速度是很慢的，因為日常生活也需要花銷。」

「我必須要說，我十分節省地花著每一分錢，因為我下定決心：父親當初給我的那些黃金，我要在十年之內賺回來。」

「奴隸的領班已經成為我的朋友，他有一天對我說：『你這個年輕人十分簡樸，花起錢來從不草率。你是否已經存下一些自己收入之外的黃金？』我說：『有。父親給我的那些黃金已經被我揮霍一空，現在累積黃金是我最熱切期盼的事情，我想要補上它。』」

「他說：『這是雄心壯志，我支持你。你知道你儲存下來的黃金，應該怎樣為你賺更多的黃金嗎？』我說：『唉！我十分害怕再走錯一步，我經歷過非常淒慘的事情，結果丟掉我父親給我的所有黃金。』他說：『如果你相信我，我願

意教你怎樣讓黃金生黃金。城牆外廓的工作，一年之內就會結束。為了防止敵人入侵，會有許多銅門安置在城牆四周的出入口上。建造這些銅門需要大量的金屬，而全尼尼微的金屬都不夠用，國王現在也無計可施。』」

「奴隸領班說他有一個計畫，為了提前供應尼尼微城門所需的金屬，他準備找一群願意拿出自己所存黃金的人，再將這些黃金交給一支沙漠商隊，讓他們去遠方產銅和錫的礦場買回金屬。等到國王建造城門的命令下達以後，我們就把金屬供應壟斷起來，只剩下我們的金屬，國王只好高價購買。即使國王不買，我們手裡的金屬也可以賣出合理的價錢。」

「運用黃金的第三條定律：投資要聽從智者的指導，我認為他的計畫是實踐這個定律的良機。我的預料最後成真了，我們的合資相當成功，幾經輾轉，我的那些黃金增加很多。同時，我跟這些人合作，也在其他事業上進行投資。他們都精通如何理財，無論哪次投資，每次都是在審慎地研究討論之後才實行。那種輕率地投機以致丟盡本錢的事情，或是沒有看到獲利潛力就盲目投入金錢，最後弄得無法脫身的事情，他們都絕對不會做。我曾經受到誘騙賭馬，也曾經在沒有任何經驗的情況下投資開店，如果把這些蠢事告訴他

們，他們一定會認為那是我考慮不周的結果，並且當場說明其中的風險在什麼地方。」

「我透過跟這些人結交，懂得增加利潤必須透過安全的理財方式。我累積財富的速度一年一年地加快，那些損失的黃金終於被我賺回來，並且超出很多。父親傳授給我的五大黃金定律，確實是放諸四海皆準的真言，這是在我經歷不幸並且歷練和成功之後再次得出的證明。」

「對於這五大定律，有些人不明白，他們的黃金為何總是慢進快出。相反的，遵守並且實踐者的黃金會源源不斷地湧入，就像一個甘願效忠他的奴隸一樣。」

說到這裡，洛麥希爾暫時停下。他對屋子後面的奴隸示意，讓他拎進三個沉重的皮囊，把其中一個放在父親面前，然後說：「您曾經給我一袋巴比倫黃金，我現在把同等重量的一袋黃金還給您，而且它們是尼尼微黃金。這個交換是等值的，對此大家應該都認同吧！您還給我一塊泥板，上面刻著智慧的言語，請看看吧，它讓我賺到的黃金多出兩袋。」他把大家的目光引向奴隸手中拿著的那兩袋黃金。

洛麥希爾也把它們拿過來放在父親面前，並且說：「父親，這是我把您的智慧看得重於黃金的證明。黃金有價，人們可以算清楚，然而智慧無價，誰又能算出？一個人就算擁

有黃金，但是他會很快因為沒有智慧而失去所有黃金；一個人就算沒有黃金，如果他擁有理財方面的智慧，黃金最後也會牢牢地掌握在他手中。這三袋黃金，就可以證明這個道理。」

「我的父親，我現在有一種極大的滿足感，因為我可以站在您面前說，我是一個富有而且受人尊敬的人，這些都是得益於您的智慧。」

阿卡德摸著洛麥希爾的頭，滿眼憐愛，並且說：「這些功課已經被你透徹地領悟。我的財產終於可以由你這樣的兒子來繼承，這是我的幸運。」

卡勒貝伯的故事說完了，奴僕們還在聆聽著。他看著他們眼中若有所盼的模樣，繼續對他們說：

洛麥希爾的故事帶給我們的啟示是什麼？你們有誰會在理財的智慧上詢問自己的父親或岳父？可敬的他們一定會這麼說：「說起金子，唉！我的錢總是不夠花，枉費我過去在很多地方掌握許多東西，在賺錢上也很有收穫。我花掉的金子中，有些花得相當有智慧，有些則花得很無知，損失的金子中，多數還是由不明智的理財方式造成的。」

你們現在還堅持黃金接近或遠離某些人都是在於命運的

想法嗎？那種堅持是錯的。一個擁有很多黃金的人，一定清楚地瞭解和運用以及謹行關於黃金的這五個定律。我現在是一個富商，是因為年輕的時候就掌握它們，不是靠什麼神奇魔術來累積財富。來得快的財富，去得也快。

要經過漫長的時間才可以累積自己的財富，以讓自己享受生活，感到滿足。因為，在財富上凝結的，是知識和矢志不渝的堅持。對於想得深遠的智者來說，累積財富雖然也是負擔，但那是很輕鬆的。

背起這個擔子以後，要長年地堅持，永遠不要改變初衷，這樣一來，目標的實現就在眼前。

這五條定律可以賜給實踐者豐富的報償。每條定律都有意義，為了避免你們不重視我的故事，我要再重述一遍這五條定律。

我打從心底瞭解每條定律，因為我年輕的時候就見識到它們的價值。但是到我完全透徹地瞭解，我終於真正感到滿足。

黃金願意進入這些人的家門：他把所得黃金的十分之一或更多儲存起來，並且為自己和家庭的未來支出它們。這樣一來，他的黃金會越來越多。這是運用黃金的第一條定律。

如果可以落實並且堅持存下收入的十分之一，做出明智的投資，對任何一個人來說，巨大財富的建立和將來收入源源不絕的保證，就是可以實現的。

進一步說，他的家人在他死後，充實的生活也有保證。他的家門必定對黃金極具吸引力，因為有這條定律在保證。我的一生，正是這個道理的明證：當我的錢財累積越來越多的時候，更多的錢依然在不斷湧入。我存下的金子生出來的錢越多，越可以收穫更多的錢子錢孫。第一條定律就是這麼運作。

黃金自願殷勤地為這些人效勞：他智慧地發現，黃金可以作為獲利工具。如果良好地利用它，黃金為他帶來利益的速度，甚至高於田地出產穀糧的速度幾倍。這是運用黃金的第二條定律。

黃金如果成為你的奴隸，確實願意為你效力。每當眼前有機會，它都想為你賺回幾倍的黃金，那是它熱切盼望的。機會在每個善於利用黃金的人那裡的用途，就是最大程度發揮自己的效果。日復一日、年復一年，這些黃金增加的方式，將令你感到驚奇。

黃金甘願留在這些人的手中：他對黃金小心守護，並且聽從智者的意見，好好利用。這是運用黃金的第三條定律。

　　對於謹慎管理自己的主人，黃金願意緊密相隨；對於毫不留意自己的人，它將很快逃走。一個人如果請教理財方面的智者或是經驗豐富者，其財富就可以免遭危險並且不斷增加，這樣會使他滿足，其資產也將有安全保證。

　　這樣的人將丟失黃金：他投資自己不瞭解的某個行業，或是其投資用意是個中高手不贊成的。這是運用黃金的第四條定律。

　　在黃金的多種使用方法中，許多實際上到處可能遭受損失，但是在佔有黃金而且懂得如何使用的人看來，反而是有利可圖。有些獲得潛力極小的投資，如果交給智者來分析，必定可以被判斷出來。

　　因此，一個人如果擁有黃金但是沒有理財經驗，就不能再以自己的判斷在自己不瞭解的生意或項目上投資，否則他的那些錢一定會打水漂，進而發現自己判斷失誤。有智慧的人在投資的時候，必定會聽從投資高手的箴言。

一個人如果這樣支付黃金，他將丟失並且再也無法得到黃金：他聽從不可能獲利的建議或是騙子的誘騙，或是自己沒有任何經驗，以及依靠自己天真的投資概念。這是運用黃金的第五條定律。

　　擁有黃金的人最初遇到的投資建議，往往像冒險故事一樣，既有誘惑力又很刺激，它們聽起來好像可以使財富具有魔力，它們可以賺取的利潤好像多得超越常理。但是，有一點必須提防，那就是：危險潛伏在任何一個可以讓人一夜暴富的投資計畫的背後。每個智者都明確地瞭解這一點。請不要忘記，無論是草率投機造成財產損失，還是在不可能獲利的投資上下注以致無法脫身，都不是尼尼微的那群富翁會做的事情。

　　現在，我已經說完如何運用黃金的五大定律的故事，我自己的成功秘訣也夾述其中。然而，它們只是秘訣嗎？不，它們更是真理！每個人都必須要學會，不僅要學會，還要貫徹下去。只要這樣，你就不會像野地裡的狗一樣，每天為了吃飯而煩惱，學會這些真理，你就可以改變。明天，我們將進入巴比倫。看吧，火焰就在貝爾神殿的穹頂上閃耀，永遠不會熄滅。

巴比倫城布滿黃金的願望，即將變成現實。你們所有的人，明天就會擁有付給你們的黃金。你們應該得到那樣的報酬，因為你們曾經勤懇地服侍我。

　　從今晚開始，你們手中的黃金，十年之後會變成什麼模樣？你們會有人先從一部分黃金開始走向致富之路嗎？就像洛麥希爾那樣？對於阿卡德的理財箴言，你們會有人嚴格遵行嗎？

　　如果有人二者都可以做到，即使把未來十年作為一場賭博，對他們來說也是安全的。他們將變得富有，並且得到人們的尊敬，就像阿卡德的兒子那樣。

　　我們的一生中，隨時都會表現此類明智的行為，並且為之滿足，而且從中獲益。如果遭到厄運和痛苦，那是愚蠢之舉帶來的。

　　你們不要忘記這些定律啊！

　　最令人痛苦的煎熬，莫過於想起應該掌握的機會卻沒有抓住的懊悔回憶，不斷縈繞在腦海中。

　　巴比倫多得是財富，沒有人能算出其黃金的總值。但是巴比倫人每年下來，變得更富有、更有價值。就像每塊田地的財富一樣，它們是一種報償，等著要賜給那些渴望固守合理財富的人。你自己的欲望中，有一種神奇的力量，請以黃

金五大定律的知識，引導這種內在的神奇力量，你將會分享到巴比倫的財富。

第六章

五張當票——錢莊老闆的金融課

財富在帶來機會的同時，也帶來煩惱。無論是借方還是貸方，都要謹記——小心謹慎，否則會追悔莫及。

洛當是巴比倫的一位製矛工匠，此時，他正抬頭挺胸，在巴比倫宮殿外的馬路上高興地走著。他的口袋裡從來沒有裝過這麼多金子——足足五十錠！他每走一步，口袋裡的金子就會發出叮叮噹噹的響聲，在洛當聽來，這是世界上最動聽的聲音。

　　這五十錠金子都是他的，真是難以置信！洛當怎麼也想不通，為什麼自己會這麼幸運。

　　利用這些金子，洛當可以將他渴望的東西全部買下來，例如：一幢華麗的房子、一塊田地、一群牛或是一群馬，就算是買下一輛戰車也可以。總而言之，只要他想要的，用這些金子都可以買到。

　　他到底要如何使用這些金子？這天晚上，一直走到姐姐住所附近的街角時，這些沉甸甸和閃亮亮的金子還在他的腦中盤旋。這個時候，世界上所有的東西對他來說都不重要，這些金子佔據他所有的思考。

　　幾天之後，在一個傍晚，洛當走進麥松經營的店鋪，他

的臉上寫滿困頓。這是一家從事借貸業務以及珠寶和絲織品買賣的店鋪，洛當頭也不抬地經過接待處，一直朝後面走去，對於店鋪裡各式各樣的商品，他看都沒看一眼。

麥松斜靠在一條毛毯上，一個黑人奴僕遞上食物，他悠然自得地享用著。

洛當的兩腿是邁開的，身上的皮質外套敞開一半，一些胸毛露出來。

他在麥松面前站著，神情呆滯地說：「我遇上一些事情，不知如何是好，想讓你幫我出主意。」

麥松臉孔消瘦，面色棕黃。他微微一笑，善意地打招呼，然後問洛當：「怎麼，做了什麼蠢事嗎？到錢莊來借錢嗎？你賭錢賭輸了，還是被哪個漂亮女人迷住了？我們認識這麼多年，在我的印象中，你從來沒有跟我借錢。」

洛當解釋道：「不不不！我不借錢，是希望你可以給我指一條明路。」

「什麼？你不是開玩笑吧？你竟然找我這個放貸的人出主意？」

「我沒有開玩笑，我想聽聽你有什麼忠告。」

「這樣啊！原來，你來找我是想聽忠告，不是為了借錢，你這招實在太有心計。找我借錢的人很多，可是想聽忠

告的人卻一個都沒有。這麼說吧，作為一家錢莊的老闆，我經常借錢給別人，所以我比任何人都適合給別人忠告。」

停了一會兒，他接著說：「這樣吧，洛當，你今晚留下來，和我一起吃飯吧！」

他把黑奴叫來，然後說：「安東，洛當是我的朋友，他想聽聽我的忠告，你要以對待貴賓的禮節侍奉他。拿一條毛毯給他，把最好的食物送上來。對了，送上最大的酒杯和最好的酒，我要和他好好喝一杯。」

說完，他對洛當說：「說吧，你遇到什麼麻煩？」

洛當說：「是國王給我的禮物，我感到很苦惱。」

「哦？國王給你什麼禮物？你為什麼會感到苦惱？」

「是這樣的。之前，我為國王的衛兵們設計一種矛頭，國王對我大加讚賞，賞給我五十錠金子。自從得到這些金子，我每天都惴惴不安，因為很多人都上門來，想和我一起分享這筆財富。」

「哦，這也難怪。與擁有金子的人相比，想得到金子的人總是更多。他們都盼望你可以把金子借給他們，對吧？你不會拒絕嗎？我一直以為你的意志很堅定，就像拳頭一樣，難道不是嗎？」

「對於大部分的人，我都可以拒絕，可是不能拒絕我的

姐姐吧？要知道，她是我最親近的人。」

「確實如此，但是你的姐姐不希望剝奪你獨享報償的快樂吧！」

「可是，她向我借這些金子，想讓丈夫阿拉曼去做生意，將來成為一個有錢人。她還說，以前阿拉曼沒有什麼機會，現在這些金子正是他的機會，等他賺錢以後，就可以慢慢還給我。」

聽到這裡，麥松開口說：

朋友，這件事情很有商討的價值。金子給人們帶來責任，與此同時，也改變人們的身分和地位。人們如果擁有金子，就會日夜擔心，害怕丟失，害怕被騙。金子給人們力量，想像中美妙的事情都可以透過它來實現。但是，對於心地善良的人來說，金子除了帶來機會，也帶來煩惱。

在尼尼微，曾經有一個農民，他可以聽懂動物說的話，這個故事你聽過嗎？在製銅工匠的作坊裡，這種故事絕對不會有人說，我也不認識這類人。我把這個故事說給你聽，是想讓你明白一個道理，那就是：從表面上看，借錢這種事情只是錢在借貸雙方手裡周轉一下，實際上卻沒有這麼簡單。

故事是這樣的，為了瞭解動物們每天都在說什麼，每天傍晚，這個農民都會去農場偷聽。有一天，一頭公牛向一頭

毛驢抱怨：「命運真是不公平啊！你看我，一天到晚都要拉犁，忙個不停。無論天氣炎熱和四肢發軟，還是脖子上磨破皮，我都不能休息。你真好，整天披著彩色的毛毯，除了背著主人出門，其他事情也不用做。要是主人不打算出門，你就可以閒在家裡吃草。」

這頭毛驢的兩條後腿很厲害，但是牠把公牛當作好朋友，聽了公牛的訴說，牠心裡很不好受。於是，牠對公牛說：「老兄，我知道你很累，這樣吧，我教你一個好辦法。明天早上，主人的奴僕再讓你去幹活，你就躺在地上呻吟，這樣一來，他就會認為你生病了，不會讓你去幹活。」

聽了毛驢的建議，公牛認為可行。第二天早上，公牛按照毛驢教牠的那樣裝病。奴僕告訴主人，公牛恐怕不能出去幹活，因為牠生病了。農民說：「既然如此，就讓毛驢代替牠吧！無論如何，田裡的工作不能耽誤。」

直到這個時候，毛驢才意識到，為了幫助公牛，自己必須替牠幹活。辛苦一整天以後，直到夜幕降臨，牠終於回到棚裡。卸下身上的重擔，牠渾身發軟，脖子也磨破皮，牠的心裡非常難受。

這個時候，農民又去聽牠們在說什麼。

公牛說：「老弟啊，你真是夠朋友。正是因為聽從你的

建議，我才可以好好地休息一天。」

毛驢卻抱怨：「得了吧！為了幫你，我受了一天的累，我覺得自己和那些天真的人類沒有什麼兩樣。從明天開始，自己的工作自己做吧！告訴你，我已經聽見主人說，要是你的病治不好，他就要把你賣掉。你這麼懶惰，我巴不得主人趕快把你賣掉。」

從此以後，兩隻動物誰也不跟誰說話，牠們的友誼破裂了。

洛當，聽完這個故事，你領悟到什麼沒有？

洛當說：「故事雖然很好，可是我不太明白其中說的究竟是什麼道理。」

麥松說：「我就知道你會這樣。這個故事告訴我們一個道理：遇到需要幫助的朋友，不是不能幫，但是你要清楚，幫助別人的同時，不能為他背負重擔。懂了嗎？」

「是啊，有道理，我怎麼沒有想到？我也不願意在幫助姐夫的時候，把重擔轉到自己身上。可是，我想問你一件事情：你開錢莊，一定借出許多錢，向你借錢的人都有還錢嗎？」

在這些事情上，麥松很有經驗，他微笑著回答：「你是說，向我借錢的人，如果還不起，我應該怎麼處理，是吧？

這麼說吧，借錢給別人的人都不是傻瓜，把錢借出去之前，要審時度勢，要思考借出去的錢究竟能否收回來，還要思考借錢的人是否有能力好好使用這筆錢，如果他沒有好的規劃，借出去的錢很可能就收不回來。跟我來，我帶你去倉庫看看，裡面都是借錢的人抵押給我的東西，每件東西都是有故事的。」

來到倉庫之後，麥松拿出一個箱子。箱子上鋪著一層紅色的豬皮，長寬都和他的手臂長度差不多，箱子的每個面上都鑲嵌銅片。麥松把箱子放在地上，蹲下身子，雙手放在箱蓋上，然後說：

所有來借錢的人，我都要他們拿出財物來抵押。我把這些抵押物放在許多箱子裡，有朝一日，他們還清所有借款，才可以贖回這些東西。當然，有些人無力還債，這些東西就可以提醒我，哪些人不值得信任。

從這些抵押物的箱子中，我明白一個道理，那就是：只有借款人的抵押物價值大於所借錢款的時候，這種借款才是有保障的。如果他們無力還債，可以用田產、珠寶、駱駝，或是其他東西來抵債。

我把來借錢的人分為三類。

第一類，是有抵押物的人，而且他們抵押物的價值高於

所借錢款。抵押物可以是珠寶，也可以是房產，如果他們不能還清債務，我就可以擁有這些珠寶或房產。在借出錢款之前，我會對抵押物的價值進行估算。因此，對於這類借款，我很有信心，一定可以連本帶利收回來。

第二類，是有一技之長或是固定收入的人，你就屬於這類人。這些人收入穩定，踏實努力，如果沒有意外，他們一定可以還清借款，並且支付議定的利息。對於這類借款，我也有一定把握，我的依據是他們的辛勤勞動。

第三類，是一無抵押物，二無一技之長或是固定收入的人。這類人生活艱難，對於這種艱難的處境，他們之中有些人根本無法忍受。對於這類人，如果有人擔保，我也願意借錢給他們，即使他們身無分文。但是，為了謹慎起見，我必須確認擔保人是否可靠。

說完，麥松打開箱蓋，洛當忍不住靠過去看。

在箱子的最頂層，放著一條項鍊，項鍊下面鋪著一塊紅色的布。麥松把項鍊拿在手上，一邊輕輕撫摸，一邊說：「這條項鍊的主人已經不在人世，所以它將永遠躺在這個箱子裡。項鍊的主人是我的好朋友，他留下的抵押物和錢財，我會一直好好收藏。他在世的時候，我和他合夥做過生意，我們的合作很愉快。不久之後，他娶了一位外國女子。他的

妻子和我們國家的女子不同，是一個東方美人，說實話，她確實光彩奪目。為了取悅妻子，我的這位朋友不知道花了多少錢。直到最後，他幾乎傾家蕩產。有一天，他沮喪地出現在我面前，讓我幫他想辦法。我勸慰他，並且表示會助他一臂之力。他以神之名向我起誓，一定會重整旗鼓。可是後來，事情不如人意，他失敗了。有一次，他和妻子發生爭吵，他的妻子一怒之下拿起刀來，刺進他的胸口。」

「後來呢？他的妻子怎麼樣了？」洛當追問。

麥松把那塊紅布拿在手裡，然後說：「看，這就是她留下來的。殺死丈夫之後，她心中後悔不已。最終，她跳進幼發拉底河，死了。之前，他們向我借了兩筆錢，事到如今，他們永遠也無法償還。洛當，這個箱子的啟示就是：不要借錢給心境苦悶的人，這種借款一點都不可靠，明白嗎？」

說完這個故事，麥松又拿起一個用牛骨雕刻的印章，接著說：「瞧瞧，這件抵押物是一個農民的，他的情形不一樣，他的妻妾會織毛毯，我經常去光顧。有一年發生蝗災，他們一家人連飯都吃不上。他第一次來找我的時候，我把錢借給他，等到他收成好的時候，再把錢還給我。後來，他聽一個外地人說起，遠方有一批山羊，這批山羊的毛質柔軟，要是用牠們的毛織成毛毯，一定是巴比倫之中最漂亮的。因

此，他再次登門，向我借錢做這筆生意，我答應他。我是這樣想的，如果他可以把那批山羊運回來飼養，隔年之後，等他織出精美絕倫而價格不菲的毛毯，巴比倫所有的達官貴人都會去爭相購買。這樣一來，我還會擔心他無法還清借款嗎？依照現在的情況看來，他很快就可以贖回這個印章，而且他也向我鄭重保證，一定會還清欠款。」

「哦，這種做法可行嗎？還有沒有別人這麼做？」

「當然可行，但是前提是：他們借錢是用來做生意，而且可以賺到更多的錢。我必須提醒你，如果借錢的人是想去揮霍，這種借款多半是收不回來的。」

洛當拿起一個金鐲子，這個鐲子上鑲嵌各種寶石，款式精美。

洛當問：「這個金鐲子有什麼故事，可以告訴我嗎？」

麥松開玩笑地說：「哈哈，朋友，看來你對女人的事情更感興趣。」

洛當說：「在這個方面，我比不上你。」

「確實如此，但是這個金鐲子的背後不是浪漫的愛情故事。它的主人是一個老太婆，一身肥肉，滿臉皺紋。她經常囉唆地說個不停，而且辭不達意，讓我非常困擾。過去，她的家境非常好，我們經常合作，一直沒有什麼問題。可是後

來，她落魄了，來跟我借錢，想讓她的兒子做生意，與沙漠商隊合作，到各地去販賣貨物。沒想到，那些人趁她兒子睡著的時候，拿走他的錢，然後偷偷溜走了。他被拋棄在荒漠裡，叫天天不應，叫地地不靈。我想，可能他以後會慢慢把錢還給我吧！但是在此之前，我一分錢的利息都得不到，還要聽他的母親繼續囉唆。但是有一點我必須承認，與她所借的錢相比，這些首飾的價值更大。」

「在借錢的時候，這個女人有沒有向你詢問意見？」

「她沒有向我詢問意見。當時，她只想讓兒子出人頭地，成為一個有頭有臉的人。對於反對的意見，她根本聽不進去。有一次，我忍不住提醒她，可是她立刻就翻臉，並且狠狠地罵我一頓。其實，我早就看出來，她的兒子年紀小，閱歷又少，貿然去做生意，遲早會吃虧。可是，她堅持當兒子的擔保人，除了把錢借給她之外，我任何辦法都沒有。」

說完，麥松又指著一捆繩子，繼續說：「這捆繩子是內貝圖留下的抵押物。他是一個駱駝商人，借錢是為了生意上的周轉，我答應他。因為我相信他的能力，他為人精明，在做生意的時候頭腦冷靜，所以我很放心。很多巴比倫的商人和他一樣，做生意的信譽很好。這些人來來回回在我這裡抵押和周轉。我願意對他們施以援手，因為他們是巴比倫的財

富，有了他們，巴比倫才會興旺發達。」

麥松又拿出一個用綠松石雕刻成的甲殼蟲，然後隨手往地上一扔，鄙夷地說：「這只噁心的蟲子是埃及人的。寶石的主人是一個埃及的年輕人，對於能不能還清欠款，他毫不在意。有一次，我去向他討債，他對我說：『你沒看見我現在這麼倒楣嗎？我還不起，寶石是我爸爸的。我爸爸還有些田地，會幫我幹一番事業。』說起這個年輕人，一開始的時候，他生意做得還不錯，可是他這個人閱歷尚淺，又急於求成，所以沒過多久就一敗塗地。」

說完這個故事，麥松語重心長地說：「人們在年輕的時候，總是躊躇滿志，為了得到財富和渴望的東西，往往想找一條捷徑。因此，他們不經思考就會跟人借錢。他們根本不瞭解，這種借款是一個無底洞，如果深陷其中，就很難翻身了。此後，他們只能日夜承受痛苦的折磨。其實，對於年輕人借錢，我並不反對，我甚至還支持他們這樣做。不瞞你說，我當初就是靠著借到的第一桶金，才可以發展到今天。我的經驗是：這種借款一定要理性。一般來說，這種年輕人登門的時候，都是一臉沮喪，漫無目的，他們根本不會為還清欠款付出努力，可是真要讓他的父親用田地來償還我嗎？我狠不下這個心。」

洛當想了想，然後問：「這幾個故事都挺有趣的，但是這和我問的事情有什麼關聯？我想不明白，你能不能直截了當地告訴我，我到底應不應該把那五十錠金子借給我姐夫？」

「我認識你姐姐，她是一個有誠信的女人。如果她丈夫來找我借錢，我肯定會問他，想用這些錢做什麼？如果他說，想用這些錢做生意，販賣珠寶或是裝飾品，我就會問他，對這個行當瞭不瞭解，在哪裡可以進到物美價廉的貨物，又準備把這些貨物賣給什麼樣的人。依照你對你姐夫的瞭解，他對這些事情有把握嗎？」

洛當老實地說：「他以前在我店裡幫過忙，還在其他幾間店裡幹過活，應該不瞭解你說的那些事情。」

「既然是這樣，我會告訴他，他借錢的理由不充分。想要經商，必須對經營的行業有一定的瞭解。他不是很有抱負，只是天馬行空的幻想而已，我不會把錢借給這種人。如果他說，他知道從哪裡能進到物美價廉的貨物，還和一些有錢人打過交道，那些有錢人會買他的貨。只要他保證可以還錢，我願意把錢借給他。如果他說，他沒有抵押物，只能用誠實作為擔保，並且會支付利息，我也不會借錢給他，因為他在進貨的途中很有可能碰上強盜，到時候他將無法償還欠

款，我的錢也就泡湯了。知道嗎？洛當，在借貸行業，金子就是一種商品。把金子借出去，實在是再容易不過的事情，可是，因為思慮不周，這金子可能就再也回不來了。除非借錢的人可以給你充分的保障，否則絕對不能把錢隨隨便便借出去，這樣太冒險了，不是明智的做法。」

麥松接著說：「你可以幫助身處困境的人，可以幫助命運坎坷的人，也可以幫助做事業的人，這些人將來很可能變成了不起的人，但是幫這些人是有前提的。你要考慮清楚，不要像故事裡的毛驢那樣，因為一時熱心，結果自己不得不受苦受累。洛當，請你諒解，我不得不繞個彎子來對你說，請你一定要謹記，那五十錠金子，你一定要好好把握。那是你憑辛苦勞動賺來的，如果你不願意，誰也沒資格跟你分享。如果你想把它們放出去收利息，請記住一點，不要把它們放給同一個人，要分散開來，這樣可以降低風險。」

「把錢白白擱在那裡閒著，我不願意，可是有風險的事情，我更不願意去做。」

「告訴我，你做工匠幾年了？」

「三年了。」

「不算國王賞給你的金子，你自己存了多少？」

「三錠金子。」

「你整天辛苦地幹活，捨不得吃，捨不得穿，一年只能存下一錠金子？」

「沒錯。」

「這麼說，你要五十年才可以存下國王賞賜的這筆金子。」

「是的，我恐怕要用一輩子才可以存下這麼多。」

「好好想想吧！為了讓丈夫去做生意，你姐姐竟然捨得讓你用五十年的代價來成全，她有沒有考慮過你的處境？」

「用這種話來回覆我姐姐，我恐怕說不出口。」

「你就跟她這麼說：『這三年，我每天起早貪黑，節衣縮食，一年才存一錠金子。我把姐姐當成最親近的人，所以我也和你一樣，希望有朝一日，姐夫能成為成功的商人。如果他可以把做生意的計畫告訴我的朋友麥松，我就願意把錢借給姐夫，讓他成就一番事業。』你把這些話說給你姐姐聽，如果你姐夫有這個志向，他一定會努力證明自己的，就算他沒有成功，也會想辦法把錢還給你。洛當，我用在做生意上的資金並不是我的全部家當，我只想在保證我衣食無憂的前提下，盡量去幫助有需要的人。為了幫助別人而擔負風險，這是不可取的。」

麥松繼續說：「洛當，現在我已經把這些箱子背後的故

事告訴你，從這些故事裡，你可以看出人性的弱點，還有他們借錢時的投機心態，他們想借錢，但是卻不清楚自己是否有償還能力。此外，這些人如果借到錢，他們賺錢的可能性究竟有多高，假如他們沒有償還能力，或是說，他們沒有做生意的經驗和常識，他們的夢想多半會破滅。洛當，妥善使用這些金子吧，它們可以為你創造更多財富。如果你沒有好好把握，讓這些金子從手上溜走了，你將來一定會後悔莫及。現在，請告訴我，你想好應該怎麼做嗎？」

「是的，第一步，我要好好保管它們。」

麥松點了點頭，高興地說：「太好了！小心駛得萬年船。你想想，如果你姐夫得到這些金子，他可以妥善處置嗎？」

「未必，他沒有這個才能。」

「既然如此，就不要因為所謂的責任而借錢給他人。想要幫助別人，辦法多的是，不一定要傾盡所有。記住，金子不會留在愚蠢的人手中。把錢借給別人，結果讓別人揮霍一空，還不如自己享受一番！接下來你打算怎麼辦？」

洛當說：「第二步，我想讓這些金子為我創造更多的財富。」

「你終於開竅了。以錢生錢，是最明智的做法。以你現

在的年齡來說，如果謹慎地把金子借出去生利息，不用到你年老的時候，就可以賺回同樣多的金子。」

「相反的，如果你貿然借錢出去，你損失的將不只是金錢，還有很多機會。」

「所以，有些借錢的人滿腦子都是不著邊際的計畫，他們自以為會發大財，可是事實上，他們沒有做生意的經驗和技巧，只是癡人說夢而已。渴望致富、擁有財富和樂享人生，這一點錯都沒有，可是你隨時隨地都要謹慎。貪圖多賺而借錢出去，無異於引狼入室，結果一無所有。」

「應該多和那些有經驗的富商接觸，在他們那裡，你可以學習到很多理財的成功經驗。在有保障的前提下，你的錢財才有可能越累積越多。」

「有些人曾經因為神明恩賜，擁有許多財富，可是他們沒有好好把握，最後一無所有，希望你不會步他們的後塵。」

對於這些語重心長的話，洛當受益匪淺，正想表達謝意，麥松卻接著說：

「從國王賞給你的這些金子中，你應該領悟到許多道理。你必須隨時小心，才可以保住這筆財富。也許你以後會遇到許多錢財方面的考驗，也會有很多人告訴你應該怎樣去

投資。與此同時，你還將面臨許多發家致富的機會。真心希望你可以從這些箱子背後的故事中吸取教訓，把錢借出去之前，好好衡量一下。如果你以後遇到什麼疑難，請隨時過來，我願意為你答疑解惑。」

「臨走之前，請牢記我刻在箱子上的警言——小心謹慎，才不會追悔莫及。對於借貸雙方來說，這句話都同樣適用。」

第七章

城牆的啟示——如何保護你的財富？

古往今來，渴望受到保護是人類的天性。擁有
強有力的保障，我們就算遭遇不幸，也不至於
措手不及。

巴比倫國王率領主力部隊遠征，打算進攻東方的埃蘭人。在他們還沒有班師回朝的時候，亞述國王忽然發動全國上下的兵力，從北面向巴比倫城展開進攻。此時，駐守在巴比倫城中的兵力很少，沒有人料到亞述國王會在這個時候突然發動進攻。如果巴比倫城牆失守，巴比倫王國就會傾覆。

年邁的班扎爾以前是一位了不起的士兵，此時此刻，他駐守在通往巴比倫城牆頂部的通道上。在他上方，還有許多全副武裝的士兵們，他們都決心誓死保衛城牆。這場戰役是否能勝利，決定巴比倫城中上萬百姓的生死存亡。

敵軍騎在戰馬上，在城牆外發出挑戰，城門受到攻城錘猛烈的撞擊，那個聲音刺痛著人們的耳膜。一些士兵手裡握著槍，站在城門後面的街道上，如果城門被撞開，他們就立刻攻擊敵人。許多面色慘白的百姓圍在班扎爾周圍，不停地問東問西。不斷有傷亡的士兵被擔架抬下來，百姓們看到他們，心裡更加驚慌。

巴比倫城已經被敵軍圍困了三天，此時，敵軍忽然向班

扎爾身後這段城牆和城門發動猛攻。戰役到了最緊要的關頭。

在城牆下，敵方弓箭手不斷射擊，一個接一個的敵軍爬上城牆。為了抵禦敵軍，守衛的士兵們有些用箭射擊，有些用刀劍拼殺，還有些用滾油往下澆。

由於班扎爾是第一個知道敵方進攻的人，瞭解最新的戰況，因此人們都想從他口中探聽消息。

一位年邁的商人撥開人群，顫聲地問：「請你告訴我，敵軍會不會攻進城裡？我的兒子隨國王遠征，家裡無人護衛，如果他們攻進城來，我家裡的糧食和財物都會被他們洗劫一空，我和妻子年紀都大了，到時候，我們會被活活餓死！快告訴我，他們會不會攻進來？」

班扎爾說：「這位老人家，請鎮定。我們的城牆堅固無比，它會保護我們所有人的安全，請回去告訴你的妻子，我們一定會平安無事的。現在，請你躲到城牆腳下去，免得被敵人的弓箭所傷。」

年邁的商人下了城牆。

一個女人走上去，懷裡還抱著一個嬰兒，她問：「請你坦白地告訴我，現在的戰況如何？我丈夫正在發高燒，可是他說，敵人要是攻進城來，就會燒殺搶奪，無惡不作，他一

定要拿起武器來保衛我和孩子。」

班扎爾說：「你是一位好母親，請相信我，巴比倫的城牆牢不可破，它一定會保護你和你的孩子。我方士兵士氣高昂，他們把滾油倒在敵軍身上。你聽，敵軍正發出一聲聲慘叫。」

「確實如此，可是我也聽到敵人用攻城錘狠狠地撞擊城門。」

「不用怕，我們的城門非常堅固！回去告訴你的丈夫，不管是他們撞擊城門也好，還是爬上城牆也好，我們都可以應付。現在，你要做的就是找一個安全的地方躲一躲。」

這個時候，一部分增援部隊來了，他們需要將重武裝運到城牆上，班扎爾將人群疏散開。

忽然，一個小姑娘拉住班扎爾，然後問：「叔叔，城牆外的聲音真嚇人，我看到很多人流著血，請你告訴我，我的家人會安然無恙嗎？」

久經沙場的班扎爾低頭看了看小姑娘，然後回答：「小姑娘，別怕。這座城牆是一百多年前塞彌拉彌斯女王下令建造的，當時，女王陛下就是希望它能守護城中的百姓。你放心吧，這座城牆從來沒有被攻下過，它一定會保護你們全家的。」

一天又一天過去了，班扎爾始終駐守在崗位上，前來支援的部隊一批接一批地衝上城牆，與敵人殊死搏鬥，不斷有人受傷，也不斷有人陣亡。一直有慌亂的百姓圍在班扎爾周圍詢問，可是，不管對誰，班扎爾的回答都是：「請放心，巴比倫城牆堅固無比，它一定會守護你的。」

　　三個多星期過去了，敵人依然瘋狂地進攻，絲毫沒有撤退的跡象。城中的街道上鮮血成河，屍體堆積如山，班扎爾的神情一天比一天嚴峻。

　　又過了一個星期，戰爭的硝煙逐漸散去。這天早上，當太陽升起來的時候，敵軍終於撤退了。城中的士兵和百姓齊聲歡呼，幾個星期以來的恐懼終於一掃而光。

　　勝利的煙火從貝爾神殿的塔頂冉冉升起，藍色的煙火向遠方傳達這個喜訊。

　　巴比倫城牆又一次抵禦住敵人的侵襲，守衛城中的百姓和財產。正是因為這座牢不可破的城牆，城中的居民才可以世世代代享受安寧與和平，免遭敵人的侵擾和搶奪。

　　巴比倫城牆的故事告訴我們一個道理，那就是：渴望受到保護是人類的天性，不僅古時候如此，現在也是一樣。但是，隨著時間的推移，保護我們的「城牆」也越來越多，這些「城牆」不僅可以保護我們的生命，還可以保護我們的財

產，它們就是保險、儲蓄和安全的投資。有它們的保護，我們就算遭遇不幸，也不至於措手不及。對於我們任何人來說，建立適當的保護是必不可少的。

第八章

駱駝商人——有志者事竟成

同樣面臨困境時，骨子裡是奴隸的人會想盡辦法找藉口，骨子裡是自由人的人會拼盡全力尋找出路。

阿祖爾的兒子塔卡德已經兩天沒有吃東西。剛才,他偷偷從別人的園子裡摘了兩個小無花果扔進肚子,他剛想再摘一個,女主人就把他趕出園子。他一直跑到大街上,那個女人還在那裡大聲怒罵。

那個女人尖銳的嗓音令塔卡德心有餘悸,因此路過市場的水果攤時,他沒有伸手,水果攤的老闆也是一個女人。

塔卡德心想:我之所以會淪落到今天這個地步,完全是自己的軟弱造成的。事到如今,我根本沒有臉說自己是一個自由的人。

人越是在饑餓的時候,對食物越是敏感,頭腦也往往格外冷靜。

以前,塔卡德從來沒有留意巴比倫市集上的食物從何而來,他也從來沒有感覺到原來食物的香味竟然如此誘人。

他從市場穿過,來到一家旅館門前。他在門口繞來繞去,心想:旅館老闆如果知道我身上沒錢,肯定不會給我好臉色。如果能在這裡碰上熟人,跟他們借點錢,旅館老闆就

會對我笑臉相迎。

　　正當他想得入神時，沒想到遇見一個他最不希望見到的人，這個人就是駱駝商人達巴西爾。塔卡德曾經向許多親朋好友借錢，達巴西爾就是其中一個。他欠達巴西爾的錢，已經拖了很久沒有還。

　　達巴西爾把臉湊到塔卡德面前，然後說：「哎呀，塔卡德！我正在到處找你，想不到竟然在這裡遇到。兩個月前，你跟我借了兩個銅板。對了，很久以前，你跟我借了一個銀幣，也沒有還，你什麼時候還啊？你怎麼不說話，快說啊，什麼時候還錢？」

　　塔卡德羞得滿臉通紅，但是他這兩天粒米未進，身上一點力氣都沒有，實在無法應付心直口快的達巴西爾，只好低聲說：「對不起，我現在身無分文，恐怕沒辦法還你。」

　　達巴西爾氣得直跳腳，高聲地說：「什麼？你連幾個銅板和銀幣都存不下？你忘記當初你遇到困難的時候，我和你爸爸於心不忍，想幫你度過難關，你就這麼回報我們嗎？」

　　「我也不想這樣啊，可是不知為什麼，我幹什麼都不順利。」

　　「拉倒吧！你自己軟弱無能就算了，還把責任歸咎於命運。知道你為什麼一直不順利嗎？那是因為你總是借錢，卻

不想怎麼去償還。哎呀，餓死我了！這樣吧，你隨我進旅館去，我要吃點東西，讓我來給你講個故事。」

達巴西爾一番毫不客氣的話，讓塔卡德感到很難堪。但是，既然他邀請自己去旅館享用美食，塔卡德只好乖乖跟在他身後。

來到旅館的一個角落，達巴西爾坐在一塊毛毯上。店主人考斯柯滿臉堆笑地走過來招呼。達巴西爾爽快地說：「你這個沙漠裡的肥蜥蜴！我餓壞了，給我上一盤山羊腿，煮得爛一點，多加一些佐料，再來一些青菜和麵包。對了，外面熱得要死，這個年輕人是我的朋友，給他來一杯冰水。好了，快點上吧！」

聽他說完這番話，塔卡德的心像墜入了冰窖一般。達巴西爾準備讓饑腸轆轆的他喝冰水，而自己卻在一邊大吃大喝。哦，天啊！

塔卡德一聲不吭，氣氛有些尷尬，可是達巴西爾一點也沒有留意到，他不時微笑著向周圍的客人們招手致意。

過了一會兒，達巴西爾對塔卡德說：「有一個剛從烏爾返回的旅行者對我說，他在旅行途中遇到了一個富商，富商有一塊黃色的石頭，這塊石頭薄得幾乎透明。富商把這塊石頭鑲嵌在窗子上，用來遮風擋雨。獲得富商的許可後，旅行

者透過這塊石頭向窗外看，他發現一件非常奇怪的事。他說，從這塊石頭中，可以看到色彩紛呈的奇幻世界，與真實的世界完全不同。這簡直令人難以置信！塔卡德，談談你的看法怎麼樣，你覺得他說的是不是真的？」

這個時候，店主人把羊腿端上來，塔卡德看得直流口水，支支吾吾地回答：「這個，這個……」

達巴西爾說：「我以前就見過另一個色彩不同的世界，所以我相信他說的話，讓我來給你說這個故事吧！」

旁邊的客人們交頭接耳，紛紛說：「嘿，達巴西爾要講故事了！」

於是，周圍的客人們全部聚攏過來，想聽達巴西爾講故事。這些人有的拿著羊腿走來走去，有的坐在塔卡德身邊狼吞虎嚥，誰也沒有理會饑餓的塔卡德。而達巴西爾呢，他也沒有把食物分給塔卡德的意思，塔卡德留意到，他手中的窩頭有一小塊掉在了地上。

達巴西爾一邊嚼著羊腿，一邊說：「我給你們說，我當初是怎樣當上駱駝商人。過去，我曾經在敘利亞當過奴隸，這件事情你們有些人或許還不知道吧？」

聽到這裡，眾人不禁大吃一驚。達巴西爾心滿意足地咬了一口羊腿，接著說：

我父親會做馬鞍，他有一間打鐵鋪，年輕的時候，我跟他學做生意，在店裡打打下手。那個時候，我結了婚，因為沒有其他手藝，賺的錢少得可憐，只能勉強維持生活。我非常嚮往那些奢侈的東西，儘管我根本無力購買。後來，我察覺到，雖然我經常拖欠還款，但一些店主人還是願意繼續把華美的衣服和奢侈的物品賒給我。當時，我年輕不懂事，不知道這種入不敷出的生活將會把我帶進痛苦的泥潭，所以為了妻子和家人，我還是不停地買這買那，毫不在意債務越累積越多。好景不長，終於有一天，我到了山窮水盡的地步。那個時候，我才發現，想要買那些華美的東西，僅憑有限的收入無法滿足，我只能不停地賒欠，而這些債我根本無力償還。店主人紛紛找上門來，逼我還債，我的生活開始變得一團糟。為了還店主人的錢，我只能向親朋好友去借，可是他們的錢我也還不起。就這樣，我的日子越來越艱難。後來，我妻子實在無法忍受這樣的生活，一個人回娘家去了。她離開我之後，我覺得我不能繼續留在巴比倫，要去外面闖蕩一番。

此後兩年期間，我混跡於各個沙漠商隊，可惜一直很倒楣。後來，我遇上一夥強盜，他們專門搶劫沒有反抗能力的沙漠商隊。當時的我就像透過變色的石頭看待這個世界，根

本不知道這種無恥的行徑將會給我帶來什麼樣的後果。

第一次，我很輕易地得手了。我們搶到一大筆金銀財寶，然後去吉尼爾城大肆揮霍一番。

但是第二次，我們卻失手了。我們搶到了財寶後，被商隊的護衛隊抓起來。我和很多同夥被剝光衣服，帶到大馬士革的市場上變賣為奴。一個敘利亞沙漠部落的首領花了兩個銀幣將我買回去。他把我的頭髮剃光，在腰上纏了一塊布，和所有奴隸的打扮別無二致。

一開始，我沒有意識到自己面臨的是什麼處境。後來有一天，主人把我帶到他的四個妻妾面前，讓她們隨便使喚我。直到這個時候，我才知道自己大難臨頭。

當時，我手無寸鐵，而且這個國家的男人們驍勇善戰，所以我除了乖乖聽話之外，別無選擇。

我膽顫心驚地站在主人的妻妾面前，希望她們當中能有人可憐我的遭遇。

我把目光投在主人的大老婆身上，這個女人年紀最大，名叫茜拉。她神情冷漠地看著我，我覺得她不太可能為我說話，所以我轉過去看另一個女人。這個女人長得非常漂亮，可惜她也非常高傲，從她的眼神中，我感覺到，我在她心裡和一條蚯蚓沒有什麼兩樣。另外兩個女人很年輕，她們像看

笑話一樣看著我。

我在這些女人面前站著，就像等待宣判一樣難熬。一開始，她們誰也沒有說話。後來，茜拉冷冰冰地說：「我們誰都不缺奴隸，可是那些人都笨得要命，誰都不會使喚駱駝。我聽說母親病了，今天想回一趟娘家，老爺，你問問他會使喚駱駝嗎？」

當主人問我的時候，我按捺住興奮的心情，平靜地回答：「我懂得讓駱駝趴在地上的方法，還會使喚牠們拉貨，讓牠們即使走再多的路，也不會感到疲倦。此外，如果套駱駝的部件有問題，我也懂得怎麼修理。」

主人說：「嗯，這個奴隸懂的還不少。茜拉，就讓他為你效勞吧！」

就這樣，我成為茜拉的奴隸，負責護送她回娘家。藉此機會，我先向她表達謝意，然後告訴她我的遭遇。

我說，我的父親是巴比倫的馬鞍匠人，我是一個自由人，並非一生下來就是奴隸。除此之外，我還對她說了很多以前的事情。

可惜，她的回答令我大失所望，但是後來，每當回憶起她的話，我都覺得受益匪淺。

她說：「你怎麼好意思說自己是自由人？正是因為你的

軟弱無能，才會落到今天這個地步。一個人如果骨子裡軟弱，就算他不是生來的奴隸，有朝一日，他也會淪為奴隸。水往低處流的道理你應該明白。相反的，如果一個人的骨子裡嚮往自由，就算遇到再多艱難困苦，他也會不屈不撓地抗爭，成為一個受人尊重的人。」

接下來的一年時間裡，我還是無法擺脫奴隸的處境，雖然每天和其他奴隸待在一起，但是我與他們格格不入，我不想成為和他們一樣的人。

有一次，茜拉問我：「每天傍晚，奴隸們都被允許隨意嬉鬧玩樂，你怎麼總是一個人待在帳篷裡？」

我說：「你對我說的那番話讓我久久不能忘懷，我在想，自己是不是骨子裡的奴隸。我覺得自己和他們根本不是一路的，所以寧願一個人待著。」

茜拉向我敞開心扉，並且說：「我和你一樣，也不喜歡和其他女人待在一起。知道嗎，我丈夫其實並不是真心愛我，他之所以會娶我，完全是因為我那些豐厚的嫁妝。試問哪個妻子不希望丈夫真心愛著自己？丈夫不愛我，而我也不能生下一兒半女，因此我總是一個人坐著，遠離那些做妾的女人。在我們的部落裡，女人和奴隸的地位差不多，我總是在想，如果我是一個男人，我寧願死都不會當奴隸。」

我忽然開口問：「請問，在你心裡，我是一個天生的奴隸，還是一個堂堂正正的自由人？」

她沒有回答這個問題，只是問我：「在巴比倫欠的那些錢，你打算償還嗎？」

「當然！可是我現在毫無辦法。」

「如果你總是這樣每天混下去，什麼時候能把那些債還清？知道嗎？一個欠債不還的人，永遠都不會受人尊重，這種心態和奴隸沒有什麼不同。」

「可是你也知道，我現在遠在敘利亞，而且還成為奴隸，我又能怎麼辦？」

「真是沒骨氣！像你現在這樣，除了繼續留在敘利亞當奴隸之外，根本沒有其他出路！」

我連忙說：「不！不是這樣的！我不是沒有骨氣。」

「既然如此，希望你可以用行動證明自己。」

「如何證明啊？」

「想當初，為了與敵人對抗，了不起的巴比倫王曾經歷盡千辛萬苦。如今，你最大的敵人就是那筆欠債。正是為了躲避債務，你才會遠走他鄉。如果你在債務面前服輸，它們就會越來越強大，把你壓得喘不過氣來。可是，如果你把它們當成對手，與它們勇敢抗爭，終有一日，你會打敗它們，

到時候，你將成為一個受人尊重的人。你看你現在，整天意志消沉，就連被債務逼到敍利亞，成為奴隸，卻還是不肯與它們殊死抗爭。」

這些話像刀子一樣扎進我的心裡，我有一肚子話想向她傾訴，可惜當時我沒有機會說出來。

兩三天後，茜拉派人把我叫到面前，對我說：「我母親病得很嚴重，你快去牽兩頭駱駝，要體質好的，然後再多準備一些水和路上用的東西。一會兒，我的侍女會把食物拿給你。」

我套好駱駝以後，侍女把一大堆食物塞給我。我心裡很納悶：去女主人的娘家只有一天的路，她怎麼準備這麼多的食物？

當天晚上，我趕著駱駝，把女主人送到娘家。茜拉摒退旁人，然後悄悄地對我說：「達巴西爾，告訴我，你想永遠做奴隸，還是做一個堂堂正正的自由人？」

「我發誓，我一定要重新做一個自由人！」

「好，我給你一個機會。你的主人和手下的長工都喝醉了，你把那兩頭駱駝帶上，逃走吧！這裡有一套衣服，是你主人的，你在路上把這套衣服換上。到時候，我就對你主人說，是你自己偷偷逃走的。」

我說：「茜拉，你的靈魂像皇后一樣高貴，請跟我一起走吧！我會讓你過著幸福的生活。」

「不，我已經嫁人了，況且到一個完全陌生的國家，我根本無法適應。私奔的女人是不會有好日子的，你自己走吧！長路漫漫，沙漠裡沒水，又沒有吃的，你要多加保重！」

我心裡很不是滋味，但是我知道她不會改變主意。於是，我只好向她道謝，然後趁著夜色逃跑了。

我騎在一頭駱駝上，手裡牽著另一頭駱駝。在陌生的國度裡漫無目的地走著。我不知道怎樣才可以回到巴比倫，為了躲避主人的追捕，我只能一個勁兒地往前走。要知道，如果被主人抓回去，我只有死路一條。

我在沙漠裡走兩天，那天夜裡，我來到一片無人居住的土地。這裡像沙漠一樣荒涼，到處都是尖利的岩石，那兩頭可憐的駱駝走了很久，腳底的皮都磨破了。

儘管如此，牠們還是緩緩前行。路上，我沒有遇到一個人，就連一頭野獸都沒有遇到。可想而知，那是怎樣一個地方啊！

不知道那個地方現在是什麼景象，去過那裡的人很少有活著回來的。

我在那個地方艱難前行，天氣酷熱難當，慢慢地，食物和飲水都用完了。

　　第九個晚上，我從駱駝背上滑了下來，我渾身無力，根本無法再爬上駱駝。我絕望地想：這恐怕就是我生命的終點了。

　　隔天早上，我清醒過來，兩頭駱駝疲憊不堪，怎麼也不願意繼續趕路。我看了看周圍，在岩石和沙土之間，只生長著一些多刺植物，看不見水源，也沒有任何可以吃的東西。此時此刻，雖然我口乾舌燥，頭暈眼花，渾身疼痛無比，我的頭腦卻是前所未有的冷靜。

　　望著荒涼的遠處，我在心裡問自己：「在你的內心深處，是想永遠做一個奴隸，還是想成為一個自由人？」

　　直到這個時候，我才清楚地意識到，如果一個天生是奴隸的人，在這種情況下，一定會捨棄求生的欲望，躺在原地等待死亡。作為一個逃跑的奴隸，這種下場是罪有應得。

　　我不想這樣！可是，如果我想成為一個自由人，應該怎麼辦？自然是克服一切困難，想辦法回到巴比倫！我要把以前的債務還清，不能辜負他們曾經的信任。然後，我要讓妻子和家人過著幸福快樂的生活。

　　我想起茜拉對我說的話：「如今，你最大的敵人就是那

筆欠債。正是因為躲避債務，你才會遠走他鄉。如果你在債務面前服輸，它們就會越來越強大，把你壓得喘不過氣來。」

對！當初因為遇上困難，我竟然眼睜睜地看著妻子回娘家，我這麼做，算什麼男子漢？

以前，我一直透過變色的石頭看這個世界，可是從那一刻開始，世界在我的眼中變成另一番景象。我終於撥開迷霧，看透人生的真諦。

我絕對不能死在這個地方，我要重新站起來！

我的第一步就是：無論有多麼艱難，我也要回到巴比倫去。我要告訴那些曾經借錢給我的人，歷經千難萬險，我終於回到故鄉。我會請他們寬限一段日子，我會盡快把欠的錢還清。

接下來，我要把妻子找回來，並且給她一個安穩的住所。然後，我要勤懇地賺錢，讓家人為我感到自豪。目前，我最大的敵人就是那些欠債。對於那些曾經信任我的親朋好友，我心裡的愧疚更多。

想到這裡，我搖晃著身子從地上站起來。饑餓和口渴對我來說都不重要，不管怎麼樣，我一定要回到巴比倫去！我要成為一個自由人！我要回去打敗敵人，用心回報我的親朋

好友！

在這樣一種心態的激勵下，我堅定地呼喚著那兩頭駱駝。一開始，牠們沒有回應我。後來，牠們也許受到我的鼓舞，眼睛裡重新煥發出神采，並且掙扎著站起身來。

我帶著駱駝一路向北前行，心裡有一個堅定的聲音不斷告訴我：我們一定可以回到巴比倫城。

後來，我們來到一片肥沃的土地上，在那裡，我找到飲水，還發現野果和青草。我在無意間發現一條小路，正是透過這條小路，我們回到巴比倫城。

因為我堅定地相信自己會成為自由人，所以不管面臨什麼困境，我都想盡辦法去解決困難，而不是像奴隸那樣自暴自棄，不停地抱怨，一個奴隸有什麼辦法？

塔卡德，聽完這個故事，你有沒有領悟到什麼？

現在，你饑腸轆轆，頭腦是不是格外冷靜？

你有沒有打算重新振作起來，尋回失去的尊嚴？

你有沒有看清這個世界的真諦？

你希不希望把欠債還清，重新成為一個受人尊重的人？

塔卡德淚眼婆娑。他站起身來，鏗鏘有力地回答：「謝謝你讓我重新看清這個世界！我終於明白，我要成為一個自由人！」

這個時候，有一個人好奇地問達巴西爾：「後來呢？你是怎樣還清欠債的？」

達巴西爾說：「天下無難事，只怕有心人。我按照當初的計畫一步步實施。第一步，我告訴每位債主，請他們寬限我一段時間，並且向他們保證，我一定會盡快把錢還給他們。其中，有一些債主對我破口大罵，也有一些債主無私地幫助我。我最感激的人就是錢莊的老闆麥松，他也是我的債主之一。他知道我曾經在敘利亞使喚過駱駝，就建議我去找駱駝商人內貝圖。當時，我們的國王命令內貝圖四處選購體格強壯的駱駝。我找到內貝圖，在他手下謀到一份差事。由於對駱駝的熟悉，我在他手下做得很不錯。後來，我一點一點還清欠債。直到今天，我終於可以抬頭挺胸地站在別人面前。」

到這裡，達巴西爾的故事告一段落。他大聲地吆喝店主人：「考斯柯！你這個慢吞吞的傢伙，快過來！把桌上的東西拿去熱一熱，再給我上一些新鮮的羊肉。對了，給塔卡德上一盤羊肉，要特大盤的，我知道他肯定餓壞了。他的父親是我的好朋友，我怎麼可以讓他餓著？」

古時候，擁有偉大智慧的先人們就已經總結出一條真理，這條真理一直被人們牢記於心——有志者，事竟成。

當一個人發現這條真理的時候，他也就找回真正的自己。千百年來，這條真理不知道幫助多少人擺脫困境，步入新的人生。

第九章

達巴西爾的泥板——還債的歷程

憑自己的手藝賺錢，在保障生活無虞的前提下，每個月拿出一部分收入來還債。有朝一日，所有欠款一定會還清。

聖施維辛學院，諾丁漢大學
特倫特河畔紐華克，諾丁漢市
1934年10月21日

佛蘭克林・凱德維教授
英國科學科考二隊研究中心
席拉城，美索不達米亞

尊敬的教授先生：

近日，您在對巴比倫廢墟進行挖掘時出土的五塊泥板，還有您的來信，我已經都收到了。您知道，我對這類文物非常感興趣，為了翻譯泥板上篆刻的文字，我花了不少時間，但是我很樂意做這件事情。為了把所有文字盡快翻譯完成，我沒有顧上給您回信，希望您見諒！在這封信的後面，我附上五塊泥板的全部翻譯內容。

當我收到這些泥板的時候，它們保存得非常完好，這些都是得益於您的精心包裝和保管。在研究室的時候，我和我

的同事們對泥板上記述的故事大吃一驚，我想，當您看完以後，也會和我們一樣。

一開始，我們都以為上面記述的故事會像「天方夜譚」一樣，充滿夢幻與神奇。可是當我們全部破解之後才發現，這是一個巴比倫人還清欠款的故事，這個人名叫達巴西爾。

從這些泥板中，我們發現五千年前的社會狀況和現在幾乎差不多。我的學生們都說，這些古老的文字在和我開玩笑，對於這一點，我也覺得很費解。

您知道，我是一名大學教授，人們普遍認為我掌握很多實用知識，是一個思想家。可是，從巴比倫廢墟中出土的這些泥板的主人，也就是達巴西爾，卻教給我一種全新的方法，這種方法是關於如何在還清欠款的同時，還讓自己的財富越累積越多。

這真是一些讓人耳目一新的好方法！讓我覺得好奇的是，上面記載的這些方法在五千年前適用，它們在當今社會是否也行得通？

我和夫人最近也想改善經濟上的狀況，因此我們準備嘗試上面記載的這些方法。

希望您在以後的考古工作中一切順利！

此外，如果您有什麼需要，請儘管吩咐，我非常樂意為

您效勞。

尊敬您的：舒伯里

第一塊泥板上的內容

月圓之夜。

我叫達巴西爾。近期，我剛從敘利亞逃回巴比倫，我終於擺脫奴隸的身分。從現在開始，我鄭重起誓，一定要成為一個受人尊敬的有錢人！因此，我決定把我還債的過程全部記錄下來，以便隨時激勵自己完成這個夢想。

我有一位好朋友，他的名字叫麥松，是一個錢莊的老闆。他給我許多警醒和建議，我認為他的話非常有道理，因此決定聽從他的建議，嚴格按照以下規劃來安排我未來的生活。

麥松告訴我，如果按照這個規劃，終有一天，我會還清所有的債務，並且過著富足而有尊嚴的生活。

這項規劃有兩個目標，都是我渴望實現的。

首先，我要保證未來衣食無憂，所以必須有一定的存款。我計畫把全部收入的一成存起來。麥松對我說一些富有智慧的話：

「如果有多餘的錢，應該把它們累積起來，這樣一來，

家人都會因此而受益。事實上，這也是忠於國王的表現。」

「如果一個人只有少量存款，就說明他對家人缺乏關愛之心。對於國王來說，他也不會是一個盡心盡力的臣民。」

「如果一個人任何存款都沒有，就說明他對家人很殘忍。對於國王來說，他也不會是一個忠心的臣民。不僅如此，他的日子肯定也好不到哪裡去。」

「如果一個人希望將來有所成就，他必須懂得存錢。這樣一來，家人和國王才會感受到他的關愛和忠誠。」

其次，我要保證妻子衣食無憂。之前，因為我負債累累，入不敷出，在迫不得已之下，我的妻子回到娘家生活。現在，我已經把她找回來，她是一個非常堅貞的女人，因此我一定要善待她。

麥松是這樣說的：「作為一個有責任感的男人，應該要照顧好堅貞的妻子。這樣做也可以讓自己變得更堅強和勇敢。」

這句話很有道理，所以我決定把全部收入的七成用來養家糊口。這些錢應該可以讓我們過著溫飽的生活，而且還有一些多餘的錢用來購買其他需要的東西。這樣一來，我們在保障生活的同時，也可以享受到生活的樂趣。麥松還告誡我說，為了很好地完成這個計畫，我購買的用品絕對不能超過

七成這個限度。

第二塊泥板上的內容

最後，我要把剩下的兩成收入用來還債。每當月圓之夜，我必須把這部分收入拿出來，還給當初信任我的債主們。

現在，我要把每位債主和相應的欠款數目記下來，以便將來如數還清。

房東——阿卡哈，十四枚銀幣

錢莊老闆——麥松，九枚銀幣

珠寶商人——哈林希爾，六枚銀幣加兩個銅板

朋友——扎柯爾，四枚銀幣加七個銅板

父親的朋友——迪安伯凱，四枚銀幣加一個銅板

朋友——阿瑪爾，三枚銀幣加一個銅板

紡織商人——法魯，兩枚銀幣加六個銅板

農民——比瑞基克，一枚銀幣加七個銅板

朋友——阿茲科米爾，一枚銀幣加三個銅板

沙發工匠——辛賈，一枚銀幣

（從這裡開始，下面的字跡模糊不清，無法辨認。）

第三塊泥板上的內容

以上就是我所有的債主和全部的欠債，總共是一百九十枚銀幣，外加一百四十個銅板。

過去，我因為債台高築，入不敷出，曾經眼睜睜地看著妻子回娘家，我自己也遠走他鄉。沒想到，我遭逢厄運，最後竟然淪為奴隸。現在好了，有麥松的幫助，我終於知道應該怎樣安排未來的生活。以前，因為貪慕虛榮，我欠下累累外債，我被這些外債壓得喘不過氣來，現在想想，我當時的做法真是不應該。

有這份計畫之後，我一一拜訪過去的債主，告訴他們，我只能憑自己的手藝賺錢，在保障生活的前提下，我會每個月拿出兩成收入來還債，希望他們可以諒解，因為我拿不出更多的錢。我還向他們保證，有朝一日，我一定會把所有欠款悉數還清。

大部分債主都同意我提出的建議，只有三個人除外。

第一個人是我最好的朋友阿瑪爾。聽我說完之後，他破口大罵，我羞憤難當，轉身離去。

第二個人是農民比瑞基克。他需要一筆錢急用，因此催促我盡快還錢。

第三個人是房東阿卡哈。他很不好說話，逼我立刻還

錢，如果我做不到，他聲稱要給我一些顏色看看。

　　儘管這三個人讓我很難堪，但是其他債主的寬容使我的信心無比堅定。我相信，與躲避債務相比，償還債務要更容易一些。

第四塊泥板上的內容

　　又到了月圓之夜。這段時間，我勤懇地工作，而且我的心情也很愉快。對於我的還債計畫，妻子非常贊同。我們夫妻二人齊心協力，這個月，我賺到十九枚銀幣，這是我為內貝圖購買到一批上好的駱駝後他付給我的酬勞。

　　按照原來的計畫，我把其中的一成存起來，七成交給妻子支配，另外兩成，我把它們兌換成銅板，分別還給各個債主。

　　我把一部分銅板送去阿瑪爾家，他不在，我就交給他的妻子。當我把銅板交給比瑞基克的時候，他開心得不得了。我還錢給阿卡哈的時候，他有些抱怨，希望我能加快還債的進度。我是這樣回覆他的：只有我的生活得到保障，才可以更快把錢還給你。其餘的那些債主都向我致謝，而且對我的辛勤勞動讚賞不已。

　　這個月，我償還將近四枚銀幣的外債，有些債主我已經

找不到，因此我把應該還給他們的錢存下來。

很長時間以來，我的心情都非常煩悶，此時此刻，我終於鬆了一口氣。

第二個月圓之夜。這個月，儘管我很努力地工作，到處收購駱駝，可是收入卻不怎麼樣，只賺到十一枚銀幣。

這樣一來，我和妻子只能節衣縮食地生活，但是我們的信念很堅定。我依然按照計畫，把其中一成銀幣存起來，並且把七成銀幣交給妻子。

這一次，讓我感到意外的是，當我去阿瑪爾家還錢的時候，他竟然稱讚我。比瑞基克也是如此。阿卡哈卻非常惱怒，我是這樣回覆他的：「如果你覺得太少，我就拿走了。」

後來，他終於不再說什麼。至於其他債主，他們都像上次一樣，沒有任何不滿。

第三個月圓之夜。這個月，我非常幸運，遇到一批上好的駱駝，所以得到四十二枚銀幣的酬勞。我和妻子不僅吃到美食，並且添置幾件衣服。

我償還的外債超過八枚銀幣。這一次，不止其他債主對我很滿意，就連阿卡哈的態度都轉變了。

我的債務減輕許多，更令人高興的是，我和妻子有一定

的存款。麥松的這個計畫太妙了！

這三個月以來，每當月圓之夜，我就會把一成收入存起來，把七成的收入交給妻子，雖然我們有時候不得不節衣縮食，但是我們從來不花超過七成的錢，而且每個月，我都把兩成的收入兌換成銅板，還給每位債主。我把這些情況都刻在泥板上。

如今，我終於可以昂首挺胸地站在別人面前，因為我已經有二十一枚銀幣的存款。

在妻子妥善的打理下，我和她重新穿上體面的衣服，並且開心地生活。

我真的沒有想到自己竟然可以從一個奴隸變成現在這樣，這個還債計畫確實妙不可言。

第五塊泥板上的內容

又是一個月圓之夜。從我把還債的經過記在泥板上，已經一年了。

今天是一個非常值得紀念的日子，我終於把所有外債還清了。為此，我和妻子準備豐盛的宴席，招待所有親朋好友。

在最後一次還債過程中發生許多事情，這些事情令我永

遠難以忘懷。

首先是阿瑪爾。對於他以往的辱罵，他感到非常懊悔，希望我能原諒他，而且他還說，他現在非常願意和我來往。

其次是阿卡哈，他的態度再也不像以前那麼差。他還說：「以前，你像一塊爛泥似的任人踐踏。現在不同了，我覺得你像堅硬的銅塊。以後如果你需要用錢，可以隨時來找我，我很願意幫助你。」

不只是他們，其他很多債主對我的態度也變得恭敬。還有我的妻子，現在她總是用一種崇拜的眼光看我，我覺得自己重新找回尊嚴。

有這個計畫以後，我的成功指日可待。我不僅還清所有欠款，還存下許多積蓄。我從奴隸變成受人尊重的人，因此我希望更多深陷困境的人可以從這個計畫中受益。目前，我還沒有徹底完成這個計畫。我堅信，用不了多久，我就可以成為一個有錢人。

聖施維辛學院，諾丁漢大學
特倫特河畔紐華克，諾丁漢市
1934年10月21日

佛蘭克林・凱德維教授

英國科學科考二隊研究中心

席拉城，美索不達米亞

尊敬的教授先生：

我希望您能幫我一個忙。如果您進一步挖掘巴比倫廢墟的時候，能發現達巴西爾這位古巴比倫駱駝商人的靈魂，請您代我告訴他，英格蘭一所大學裡的師生對他表示萬分感謝，他刻在泥板上的故事，使我們許多人都從中受益。

您還記得嗎？上次我給您寫信時說過，我和妻子準備按照達巴西爾刻在泥板上的計畫，改變我們當時的困境。

其實，我們夫妻的日子過得並不好，但是我們一直竭力隱瞞，不想讓別人知道。但是，我猜教授先生一定已經有所察覺。

我們以前欠下許多外債，很多年以來，在這些外債的壓力下，我們受盡屈辱。不僅如此，我們非常害怕各個店主把我們欠債的醜事宣揚出去，這樣一來，我很有可能會被學校解雇。

為了償還欠款，我們盡力省下每一分錢，儘管如此，我們還是無法還清所有外債。不止這樣，因為一些店鋪允許賒帳，所以儘管他們的價格高於其他店鋪，我們也只能硬著頭

皮光顧這些店鋪。就這樣，我們的處境越來越糟。不管我們怎樣努力，還是看不到出頭之日。

我們拖欠房東很多錢，即使有價格便宜的房子，我們也不好意思搬出去住。當時，我們真的覺得無路可走。

就在這個時候，因為您的緣故，我從泥板上瞭解到達巴西爾的計畫。他的記述給我和妻子帶來希望，我們決定按照達巴西爾的計畫行事。

首先，我把欠款的清單列出來，並且把這份清單讓每位債主過目，希望他們能瞭解我的處境。

然後，我把還債計畫告訴他們：我將從每個月的薪水中拿出兩成，平均還給每位債主。預計兩年多之後，我就可以把欠他們的錢全部還清。這樣的還款方式可以讓我用現金來購買商品，再也不必賒欠。債主們很體諒我們，其中有一位債主是一個非常精明的商人，他給我提出一個非常有用的建議：「過去三年，你買東西一直靠賒帳，我覺得和賒帳相比，還是用現金購買並且適當還清部分欠帳的方法更好。」

最終，每位債主都同意我的計畫。這樣一來，我按照約定，每個月還他們一部分錢，他們答應，只要我堅持這樣做，他們就不會再追債。

對我們來說，這種改變非常新奇。如果嚴格按照計畫來

做，我們就可以用七成的收入過著相對安穩的生活。接下來，我們捨棄幾樣原來喜歡消費的東西，例如茶葉什麼的。沒過多久，我們就發現，其實有很多物美價廉的東西，這個發現真是太好了。

事實上，完成這個計畫沒有想像中那麼艱難，儘管這是一個漫長的過程，但是我們一直堅持。每走完一步，我們都有深深的滿足感。我們終於看見希望的曙光，還有什麼事情比這個更值得高興？

您一定為我感到高興，對吧？但是我要告訴你，最值得高興的事情還在後面，那就是：我每個月存下來的一成收入。我現在才知道，原來賺錢比花錢更讓人開心。我用這部分的錢進行一筆收益穩定的投資，這樣一來，我們的心裡更踏實。這筆投資的收入，足夠使我們在這個學期結束的時候，過著自由自在的生活。與過去那種只靠收入糊口的日子相比，現在的變化簡直是天翻地覆。

真的難以置信，我們的欠款已經快要還清，與此同時，那筆投資的收益也在穩步增長。在理財方面，我們學到更多技巧。是否善於理財，其中的差異真的太大了。

預計到明年年底，我們就可以還清所有欠款。到那個時候，我們計畫用更多的錢來進行投資。有多餘的錢，我們還

可以出去旅行。但是不管怎樣，我們絕對不會讓日常消費超過收入的七成。

這就是我委託您向達巴西爾致謝的原因。正是因為他的計畫，我和妻子從水深火熱中解脫出來，並且逐漸過著富足的生活。

五千年前，達巴西爾從痛苦的經歷中總結經驗和教訓，並且不辭辛苦地將這個故事刻在泥板上。他這樣做的目的，就是希望幫助更多處境相似的人。對於五千年後的人們來說，其中的價值依然毫不遜色。

考古學系教授舒伯里敬上

第十章

世界上運氣最好的人

辛勤的勞動和樂觀進取的態度是我最寶貴的財
富，是它們將我從痛苦的泥潭中拯救出來。

大馬士革到巴比倫的道路上，正行走著一支商隊。騎在馬背上，走在商隊最前面的，是巴比倫鼎鼎大名的商人——撒魯奈達。這個人生平最喜愛的東西，一是華貴的衣服，二是品種純正的良馬。

　　看他如今神氣活現的模樣，誰能想到，他曾經過著無比艱辛的日子？

　　返回巴比倫途中需要從沙漠穿過，一路上，經常有阿拉伯部落的劫匪出沒，這些人十分凶悍，專門打劫往來的商隊。

　　臨行前，撒魯奈達特地雇用一批驍勇善戰的保鏢，有這批保鏢，他心裡非常踏實。但是，商隊裡有一個年輕人卻令他非常擔憂。這個年輕小夥子名叫哈丹・古勒，他爺爺名叫阿拉德・古勒。撒魯奈達曾經與阿拉德・古勒一起做生意，兩個人相處得非常融洽。不僅如此，阿拉德也對撒魯奈達有恩，對於這一點，他永遠都不會忘記。正是因為如此，當他得知哈丹的父親已經一無所有的時候，毅然決定把哈丹帶在

身邊，希望他將來能重振家業。這樣做，也算是對阿拉德的一些回報吧！可是他沒有想到，這個小夥子與他的性格差異太大，應該如何幫助他？撒魯奈達感覺無從下手。

哈丹戴著戒指和耳環，撒魯奈達斜著眼看他，心想：唉！這個孩子和他爺爺長得很像，可是性格差得太多了。那些首飾難道是男人應該戴的嗎？他爺爺從來都不會這樣。他父親已經一無所有，我希望他可以振興家業，所以帶他出來闖蕩，見見世面。

他出神地想著，哈丹忽然開口問：「你總是這麼辛苦地賺錢嗎？為什麼不抽出時間好好享受生活？帶著商隊長途跋涉，這是何苦？」

撒魯奈達微笑著說：「告訴我，如果你是我，你要怎樣享受生活？」

「如果我像你那麼有錢，我說什麼也不會辛苦地穿越沙漠，何況還是在這麼熱的天氣裡。我想穿最華美的衣服，戴最名貴的珠寶，就像王子那樣。我不會讓身上剩下一分錢。」

哈丹說完就笑了，撒魯奈達也笑了。

接著，撒魯奈達說：「我記得你爺爺在世的時候，從來不喜歡戴首飾。小夥子，你難道沒有想過勞動嗎？」

沒有等他說完，哈丹就回答：「勞動？那不是奴隸的事情嗎？我不幹！」

　　撒魯奈達不再說話，默默地騎在馬背上。走到一處下坡路，他轉身面向一片綠幽幽的山谷，對哈丹說：「看到那片山谷嗎？如果你仔細看，就可以看到巴比倫城牆。那座高塔就是貝爾神殿，上面冒著的煙，就是永不熄滅的火焰。」

　　「那就是全世界最富裕的巴比倫城嗎？哇！好想去看看！那裡就是我爺爺發家致富的地方，對嗎？可惜他已經去世，如果不是這樣，我和父親也不致如此。」

　　「不要這樣想！既然你爺爺可以做到，你和你父親為什麼做不到？」

　　「我爺爺生財有道，我和父親沒有這個本事。」

　　撒魯奈達不再說話，只是滿腹心事的模樣，繼續趕路。不久，他們來到巴比倫王國的大道上。接著，他們向南走去。經過一片農田的時候，撒魯奈達的目光盯在幾個農民身上。

　　四十年過去了，這群農民是不是當初那些人？一定是的。

　　撒魯奈達重返故地，心中感慨萬千。

　　也許是因為累了，一個農民扶著犁，停下來休息。其他

兩個農民狠狠地抽打耕牛，可是耕牛還是慢吞吞的。

四十年前，撒魯奈達希望自己成為他們那樣的農民。可是時至今日，他的身上發生翻天覆地的變化。他回過頭去，望著身後浩浩蕩蕩的商隊。每一頭駱駝都是他精心挑選的，牠們身上背著的是大馬士革運來的貨物，都是稀有而貴重的貨物。但是與他全部的財產相比，這只是九牛一毛而已。這一切讓他感到深深的滿足。

撒魯奈達指著那幾個農民，對哈丹說：「看見那幾個人嗎？四十年了，他們還在那裡耕田。」

「是嗎？四十年前的農民，如今還在同一塊地上耕田？這怎麼可能？」

撒魯奈達知道哈丹並未領悟自己的意思，他繼續說：「四十年前，就在這個地方，我曾經見過他們。」

四十年來的所有經歷，如今全部湧上心頭。撒魯奈達心想：唉！過去的事情，永遠都無法磨滅。

這個時候，他彷彿看見阿拉德正在微笑地看著他。剎那間，身邊這個無所事事的小夥子好像立刻變得親近，他再也不覺得兩個人之間無法溝通。

撒魯奈達和阿拉德都不喜歡不勞而獲。要知道，只有那些主動尋找機會的人，才可以受到幸運之神的眷顧。儘管哈

丹整天都想著怎樣打扮和揮霍，不懂得要去勞動，但是看在阿拉德的份上，撒魯奈達真心實意地想幫助哈丹。

撒魯奈達忽然想到一個主意，但是以他今時今日的身分和地位，這樣做到底妥不妥當？猶豫很久，他終於決定試試。

他問哈丹：「哈丹，我和你爺爺當初一起做生意，後來我們都發財，你想聽聽這個故事嗎？」

「我只關心你們是怎樣賺到錢，至於其他事情，我不太感興趣。」

撒魯奈達說：「當初，我像你這個年紀的時候，曾經和一群農民一起在田裡幹活。我們都被鐵鍊鎖著，有一個叫梅吉多的人和我站在一排。對於其他農民幹活的方式，他非常看不起，並且諷刺：『一群懶鬼！他們根本沒有好好幹活，犁握得不夠緊，耕牛也沒有看管好，看見沒有？耕地犁得不夠深。這樣幹活，會有好收成才怪！』」

哈丹吃驚地問：「你說什麼？被鐵鍊鎖著？」

「沒錯，我們每四個人一排，每個人的脖子上都套著鋼鐵製成的套子。一個人和另一個人之間，用長長的鐵鍊相連。我旁邊是梅吉多，梅吉多旁邊是薩巴多，他是一個偷羊賊，我的家鄉在哈隆，在家鄉的時候，我們就認識。薩巴多

旁邊的那個人，我們誰也不知道他叫什麼。他的胸口有一個蛇形紋身，許多水手都喜歡紋這個圖案，因此我們都認為他是一個水手，還給他取一個綽號，叫『海盜』。」

哈丹吃驚地問：「你們這樣，豈不是和奴隸一樣？」

「沒錯，我以前就是一個奴隸，難道你爺爺沒有跟你說過嗎？」

「沒有，他總是跟我們提起你，可是我們不知道你以前是一個奴隸。」

撒魯奈達盯著哈丹，然後說：「哦，你爺爺真是守口如瓶，這樣的人值得信任。小夥子，你也是這樣的人吧？」

「當然！我向你保證，我絕對不會把這件事情說出去。到底因為什麼事情，才使你變成奴隸？可以說說嗎？」

撒魯奈達聳著肩膀，然後說：「每個人都有可能成為奴隸，只是原因不同而已，讓我成為奴隸的是酗酒和賭博。我有一個哥哥，他為人魯莽，我就是被他連累的。有一次，他和朋友吵架，結果失手殺死對方。為了湊錢幫哥哥打官司，父親只好將我抵押給一個寡婦。後來，父親無論如何也籌不到錢贖我回去，那個寡婦很生氣，就把我賣給奴隸販子。」

「真是太不公平！後來呢？你是怎樣變成自由人？」

撒魯奈達說：「不要著急，聽我慢慢和你說。」

我們從那群懶惰的農民身邊經過的時候，他們都發出嗤笑聲。有一個農民摘下頭上那頂破爛的帽子，裝模作樣地朝我們施一個禮，高聲說：「各位巴比倫國王的貴賓們，你們好啊！城牆那邊的磚石和洋蔥湯都在等著你們！」

　　他說完，那群農民放聲大笑。

　　海盜聽了非常惱怒，惡狠狠地咒罵他們。

　　我問海盜：「他們說的城牆是怎麼回事？」

　　海盜回答：「就是說，我們要去城牆腳下挑磚石，不知要幹到何年何月。如果不賣力，國王的手下就會狠狠地打我們。但是我不願意受窩囊氣，誰要是敢打我，我就跟他拼命。」

　　梅吉多說：「難道主人不喜歡老實幹活的奴隸嗎？要我說，主人不僅不會打死他們，還會格外優待！」

　　薩巴多說：「哼，那些懶鬼才不會老實幹活！他們只是表面上裝出老實的模樣，其實還不是混一天算一天。」

　　梅吉多不認同他的說法：「你幹了多少活，主人心裡會不知道嗎？打一個比方，你今天耕了一畝地，主人會認為你確實努力了。如果你只耕了半畝，主人肯定知道你偷懶了。我喜歡努力勞動，不喜歡偷懶。對我來說，勞動是我最好的朋友。我以前的田地與耕牛和所有的東西，都是勞動給我

的。」

薩巴多不以為然地反駁他：「得了吧！你現在還不是一無所有？要我說啊，幹活何必那麼盡力，只要有錢賺，隨便應付就可以。看著吧，如果我們都被賣去城牆邊幹活，我肯定找輕鬆的活幹，你這個傻瓜就去挑磚吧，不把你累死才怪！」

說完，他哈哈大笑。

當天夜裡，我被恐懼折磨得整晚無法入眠。跟我拴在一起的幾個人都睡著了，我把身子湊到一名守衛旁邊。這個守衛名叫格托索，是一個阿拉伯劫匪。要知道，阿拉伯劫匪凶狠殘暴，專門搶奪別人的財物。不僅如此，財物搶到手的時候，他們還會將對方的性命也奪走。

我壓低聲音，悄悄地問他：「格托索，問你一件事情。我們真的會被賣到城牆邊幹活嗎？」

「問這個幹什麼？」

我哀求道：「唉，你看我還這麼年輕，怎麼能早早死掉？求求你告訴我吧，我有沒有其他機會？」

格托索悄悄地告訴我：「你這個傢伙平時很老實，也沒有給我添什麼亂子。這樣吧，你聽好了。一般說來，你們最先會被帶到奴隸市場。記住了，如果遇上買主詢問，你就拼

命自誇，說自己身體強壯和工作勤勞。總之，就是爭取讓買主把你買走，因為沒有買主的奴隸都會被送到城牆邊幹活。其實，去那裡也沒有什麼不好，勞動是一件多麼光榮的事情，對不對？」

說完，格托索轉身離開。我躺在沙地上，抬頭仰望星空，苦苦思索著。這個時候，梅吉多說過的那句話在我的腦海中久久縈繞：「勞動是我最好的朋友。」我問自己，勞動是我最好的朋友嗎？答案是肯定的，只要它可以讓我擺脫現在的處境。

第二天早上，梅吉多醒過來的時候，我把知道的消息悄悄地告訴他。當天下午，我們和一大群奴隸一起被帶到巴比倫城牆邊。城牆附近有數不清的奴隸，他們有些在挑磚，有些在挖護城河，有些在砌牆。監工手裡拿著皮鞭，嘴裡不停地咒罵著。奴隸們疲憊不堪，步履蹣跚。有些奴隸實在堅持不住，倒在地上。監工的皮鞭狠狠抽打在奴隸的身上，催促他們趕快站起來，繼續幹活。有些奴隸久久未能站起來，監工就命人將其丟進墓穴⋯⋯

想想看，那是多麼恐怖的場景啊！我覺得不寒而慄，心想：但願有買主把我買下來，否則我將難逃厄運。

事情果然像格托索說的那樣。當天，我們被關進牢房。

第二天早上，我們被帶到奴隸市場。市場上亂哄哄的，我們被關在一道柵欄裡，不斷有買主上前詢問。看守的人拿著皮鞭，把買主感興趣的奴隸趕到面前。在看守者的允許下，我和梅吉多拼命向每位買主誇讚自己。

　　奴隸販子把國王手下的一名軍官引到我們面前，那名軍官一眼就看中海盜，他命令手下的士兵將海盜押走。海盜拼命反抗，可是那些士兵用鞭子狠狠抽他。海盜就這樣被他們帶走，我心裡很不是滋味。

　　梅吉多和我都感覺快要大難臨頭。但是，在沒有買主上前詢問的時候，梅吉多就鼓勵我：「只要有機會，我們就要好好勞動，因為我們的將來全靠它。我知道有些人不喜歡勞動，甚至厭惡勞動，希望你不要學他們。當你覺得勞動艱辛的時候，就想想我說的這番話，當一座美麗的房子建成時，當初建造它的那些辛苦，你還會記得嗎？所以，撒魯奈達，無論落在哪個主人手裡，一定要為主人盡心盡力。就算他們沒有獎賞你，你也不要心存不滿。因為你辛苦地勞動，是為自己的將來，懂嗎？」

　　這個時候，有一個農民打扮的買主走近柵欄。梅吉多不再說話，我們都在等買主的詢問。

　　梅吉多和農民交流幾句，打聽對方的田地和收成，然後

立刻介紹自己。農民對他很滿意，經過一番激烈的討價還價，梅吉多被這位買主買走了。

快到中午的時候，很多奴隸相繼被人買走，可是我還沒有找到買主。

格托索悄悄地對我說：「奴隸販子沒有耐心繼續在這裡耗著，最遲到明天晚上，他就打算把剩下的奴隸全部送到城牆那邊。」

聽到這裡，我的心裡頓時一沉。

就在這個時候，一個身材很胖的買主走過來，他看起來很和善，詢問我們當中是否有會做麵包的人。

我立刻對他說：「像您這樣優秀的麵包師，與其找一個麵包工人，不如找一個學徒。您看我，身體強健，不怕吃苦，不怕累，請您給我一個機會，讓我做您的學徒吧！我發誓，我一定會好好幹活，幫您賺更多的錢。」

他被我的話打動了，開始和奴隸販子講價。奴隸販子一看我有希望被買走，就賣力地誇讚我，說我體格好，脾氣也好，還有能力什麼的。我覺得自己像一頭準備賣給屠戶的牲口。讓我感到欣喜的是，我終於被新主人買下來。當時，我覺得自己是全巴比倫運氣最好的人。

新的環境讓我覺得非常滿意。我的新主人名叫納納奈

德，他教我如何研磨大麥，如何生火，還教我如何製作上等的芝麻麵粉，這種麵粉是用來做蜂蜜蛋糕的。

主人還給我一張床鋪，在儲存糧食的倉庫裡。在工作之餘，我經常幫上年紀的女僕施娃絲媞做粗重的工作，因此她經常做一些好吃的食物犒勞我。

這種機會是我盼望已久的，在這個全新的環境中，我可以為主人盡心盡力，還有希望成為一個自由人。我想學做麵包的手藝，經常向納納奈德求教怎樣和麵，怎樣烤麵包。他對我認真的態度非常滿意，因此毫無保留地教我。沒過多久，我就掌握這門手藝。後來，我又請教他如何做蜂蜜蛋糕，他把方法教給我，我很快就學會。從此以後，他把很多工作都交給我做。他很高興，因為這樣一來，他清閒不少。可是施娃絲媞暗暗擔心，她認為不勞動不是什麼好事。

慢慢地，我開始思索如何讓自己成為自由人。為了贖回自由，我必須多賺錢。這個時候，我想到一個辦法。一般到中午的時候，我就把麵包和糕點都做好了，下午就可以休息。我打算利用這段時間另外找一份工作，這樣就可以多賺一點錢。於是我就想，不如多做一些蜂蜜蛋糕，拿到街上去賣。

我把這個想法告訴納納奈德，並且跟他說：「下午賣蜂

蜜蛋糕的收入，我會與您一起分享。這樣一來，不僅我可以獲得一份額外的收入，您也可以。您覺得怎麼樣？」

聽了這些話，納納奈德非常贊同，他說：「很好！這樣吧，兩塊蛋糕賣一分錢，每收入一分錢，你就給我半分錢，這是麵粉、蜂蜜、柴火的成本。另外半分錢，我們兩個人平分。」

納納奈德的意思是，我可以獲得銷售額的四分之一，我非常感激他的慷慨。

當天晚上，我一直工作到深夜。第二天上午，我多做一些蜂蜜蛋糕，並且放在盤子裡，準備下午拿出去沿街叫賣。納納奈德看見我穿得太破舊，怕人笑話，就把一件舊衣服給我穿上。施娃絲媞說，她會為我縫補和清洗衣服。

下午的時候，我帶著一盤誘人的蛋糕上街。一開始，詢問的人很少，我有些灰心，但是沒有放棄，繼續叫賣。到了晚飯時間，人們紛紛來買蛋糕，沒過多久，一盤蛋糕全部賣出去。我把所有賣得的錢交給納納奈德，他開心極了，爽快地把我應得的那份分給我。我終於開始擁有屬於自己的錢，這讓我心裡充滿希望。

梅吉多說：「所有的主人都喜歡勤快的奴隸。」他說得一點都沒錯。

當天晚上，我興奮得幾乎夜不成眠。整個晚上，我都在憧憬著，照此下去，一年我可以有多少收入，成為自由人需要多少年。

往後的日子，我每天都上街賣蛋糕。不久，有些人成為我的熟客。在這些人當中，就有你的爺爺——阿拉德·古勒。那個時候，他經營地毯生意，總是帶著一個黑奴，還有一頭運貨的毛驢。他經常來買我的蛋糕，每次都買四塊，他自己吃兩塊，另外兩塊給那個黑奴。在吃蛋糕的時候，他喜歡和我聊天。

有一次，他對我說一句讓我終生難忘的話：「年輕人，你做的蛋糕很好吃，但是我更欣賞你這種經營方式。好好做吧，上進的人前途一片光明。」

哈丹，你知道嗎？對於一個境遇淒慘，想透過努力奮鬥找到出路的奴隸來說，這番鼓勵的話真的太重要了！

正如梅吉多所言，勞動是我最好的朋友。幾個月後，我的積蓄越來越多。我的心情非常好，可是主人空閒的時間多了，就經常去賭博，因此施娃絲媞感到憂心忡忡。

有一次，我在街上碰巧遇到梅吉多，他趕著毛驢，準備把新鮮的蔬菜運到市場去賣，我高興極了。

梅吉多對我說：「我現在過得不錯，因為我勤奮工作，

主人對我很滿意，讓我做工頭，還把這樣重要的工作交給我。知道嗎？主人還把我的家人接過來，我們一家人終於團圓了。透過辛勤勞動，我一定會擺脫以前的困境。我堅信，我不僅會重獲自由，還會拿回失去的田地。」

日復一日，納納奈德對我越來越依賴，他最盼望的就是我賣完蛋糕回店裡，把錢交到他手上。數完錢以後，他就把我那份分給我，並且敦促我努力增加客源，賣出更多的蛋糕。為此，我經常跑到城牆邊，因為我發現那裡的監工都是很好的主顧，但是在這種地方會看到很多讓我憎惡的事情。

有一次，我在城牆邊幹活的奴隸中，意外地發現薩巴多。他正在那裡挑磚石，看起來又餓又累。我於心不忍，給他一塊蛋糕。他的目光中充滿貪婪，立刻把蛋糕塞進嘴裡。看他那副模樣，我不想把自己的事情告訴他，立刻轉身離開。

有一天，你爺爺阿拉德問我一個問題，他的語氣和你今天一樣，他問我：「為什麼你要不辭辛勞地工作？」

我把梅吉多說的那句話告訴他，並且把自己存的錢拿給他看，我自豪地告訴他，我要用辛苦存下的錢贖回自由。

阿拉德繼續問：「如果你贖回自由，下一步準備做什麼？」

我說：「我打算做一點小生意。」

想不到，他悄悄地對我說：「知道嗎？其實，我也是一個奴隸，現在和主人一起做生意。」

聽到這裡，哈丹打斷撒魯奈達，氣憤地說：「等一下！你為什麼要侮辱我爺爺？他怎麼可能是奴隸？」

撒魯奈達平靜地說：「阿拉德是非常值得尊重的，他沒有在痛苦的遭遇中沉淪，而是努力奮鬥，最終成為一個了不起的大馬士革公民。你是他的孫子，應該以他為榜樣。這樣的過往雖然讓人痛心，但這是事實。作為一個堂堂正正的男子漢，要勇於承認事實，而不是自欺欺人。」

哈丹挺直身體，悶聲地說：「我爺爺一生行善，不知道有多少人深深地愛戴他。想當年，敘利亞發生饑荒，為了賑濟大馬士革的災民，他花了許多金子到埃及購買糧食。如果沒有他，不知道有多少人會餓死。如今，你竟然說他在巴比倫的時候，曾經是一個令人不齒的奴隸？」

撒魯奈達說：「雖然在巴比倫的時候，他曾經是一個奴隸，但是他沒有放棄努力，正是因為如此，神明才會眷顧於他，讓他日後在大馬士革受到眾人敬仰。」

撒魯奈達繼續說：

他把自己的處境告訴我以後，又對我說，他現在已經存夠贖身的錢，可是重獲自由之後應該做什麼，他心裡很迷惘。他害怕失去主人的幫助，自己單槍匹馬闖蕩，會遇到許多困難，所以一直猶豫不決。

我對他說：「離開你的主人吧！只有那樣，你才可以做一個完全自由的人。把你想做的事情想明白，然後為之努力奮鬥，總有一天，你會成功的！」

或許我的話有些傷害他，但是他沒有介意，臨別之前，他說自己很高興可以聽到這番話。

有一天，我又到城牆邊賣蛋糕。那裡圍著一群人，我很好奇，就問身邊的人發生什麼事情。他說：「哎呀，你還不知道啊？有一個奴隸想逃跑，被國王的守衛阻攔，他就把守衛殺死。現在，他被抓起來，正要執行死刑。一會兒，國王要親自來觀看！」

我害怕手裡的蛋糕盤被人撞翻，不敢湊到人堆裡，就爬到牆頭上看。不久，巴比倫國王尼布甲尼撒來了。他穿著華貴的龍袍和金縷衣，坐在金色的戰車上，那種排場真是氣派！

我實在不敢看執行死刑的場面，只聽到那個奴隸發出淒慘的叫聲。不可思議的是，英俊瀟灑而身分高貴的國王，在

觀看死刑執行的同時，還可以與身邊的貴族們談笑風生。在那一刻，我終於明白，尼布甲尼撒國王有多麼殘忍！也許正是因為如此，他才會下達慘無人道的命令，讓那麼多奴隸去建造城牆。

執行完畢以後，那個奴隸的屍體被吊在杆子上示眾。圍觀的人慢慢散去，我走過去仔細一看，天啊，他的胸口上有一個蛇形紋身，那個人是海盜！

當我再次和阿拉德相遇時，他已經完全不同。他見到我以後，熱情地上前打招呼：「你好，我正要感謝你！你的那番話令我受益匪淺，看啊，我再也不是奴隸，我自由了！現在，我自己做一點生意，收入一天比一天多。我娶了一個自由人做妻子，她是我主人的侄女。我妻子對我現在的狀況很滿意，她希望我徹底擺脫奴隸的陰影，帶她到另一個城市重新生活，這樣做對我們的後代也有好處。勞動確實是我最好的朋友，它讓我找回自信，一步步邁向成功。你說的一點都沒錯。」

聽到我的話對他有這麼大的幫助，我覺得非常開心。但是，與他曾經對我的鼓勵相比，我的那些話不算什麼。

一天晚上，施娃絲媞垂頭喪氣地告訴我：「唉！我真擔心，你的主人遇到麻煩了。早在幾個月以前，他因為賭博陸

續欠下供應商許多錢，一直到現在都沒有還。最近，那些供應商紛紛找上門，惡狠狠地逼他還債。」

我不知道這件事情跟我有什麼關係，就隨口說：「那是他犯下的過錯，我們又不能整天看著他，擔心也沒有用啊！」

施娃絲媞氣呼呼地說：「傻瓜，當然跟你有關係！知道嗎？按照法律，奴隸就是主人的財產。為了還債，他正準備拿你去做抵押！其實，主人並不壞，可是沒想到，他竟然落到這個地步。唉，怎麼辦？」

原來是這樣！施娃絲媞說的沒錯，第二天，主人不在店裡，我正在烤麵包，有一個債主登門了。債主還帶一個人來，那個人名叫薩希。債主從頭到腳把我打量一番，然後就讓薩希把我帶走。當時，我身上披著一件衣服，我存的錢全部裝在錢袋裡，掛在腰上。薩希根本不管爐子裡的麵包還沒有做好，就把我帶走。

我的希望轟然坍塌，再一次被捲入痛苦的漩渦，酗酒和賭博再一次連累我。

薩希帶我從巴比倫城中穿過，我試著告訴他，我曾經勤懇地為納納奈德工作，以後我也會好好為他工作，可是他無動於衷，真是一個愚蠢的人！

他冷冰冰地說：「我和主人一樣，你說的話根本無法打動我們。國王把大運河其中一段交給我的主人，所以主人派我多買一些奴隸，早點把工作做完。哼，工程這麼大，誰知道何年何月才可以做完！」

知道那是一個什麼樣的地方嗎？荒無人煙的沙漠，周圍除了幾棵矮小的灌木之外，什麼植物都看不到。驕陽似火，水壺裡的水被曬得滾燙，根本沒有辦法喝。我們要走進深深的壕溝裡，然後把裡面的泥土運到河岸上。我和一排又一排的奴隸一樣，每天從早做到晚，一刻也不能休息。知道我們是怎樣吃飯的嗎？像餵豬一樣，我們的食物被撒在一個長長的槽子裡。深夜，我們就幕天席地地睡在稻草上。

我害怕身上的積蓄被人搶走，就在附近挖一個坑，把錢袋放在裡面，然後做一個記號。

一開始，我像以前一樣賣力幹活，可是幾個月過去了，我覺得自己真的快要撐不住。在身體極度虛弱的時候，我不幸染上熱病。那段日子，我被疾病折磨得吃不下，也睡不著。

我經常想，到底應該怎麼辦？

像以前薩巴多說的那樣，混一天算一天？這樣不行！從我們相處的最後一天晚上開始，我就否定這種方法。

像海盜那樣，拼命反抗？也不行！回想起那個血淋淋的場景，我就不寒而慄。

後來，我想起梅吉多。我們最後一次見面的時候，他的雙手長滿繭，那是他辛苦工作的證明。他不僅不難過，反而一臉幸福的笑容，看起來非常快樂。嗯，應該像他那樣才對。

可是我想不通的是，我和梅吉多一樣，在幹活的時候非常賣力，我甚至覺得自己比梅吉多更賣力。可是為什麼梅吉多可以過著幸福的日子，一步步邁向成功，而我卻淪落至此？是因為梅吉多比我運氣好嗎？我繼續賣力工作，會得到渴望的幸福和成功嗎？

我感到前所未有的困惑。我一邊忍耐著，一邊苦苦思索這個問題。

幾天之後，薩希把我叫過去。他說，主人派一個人來，要把我帶回巴比倫。

我連忙去把錢袋挖出來，跟著那個人返回主人的家。路上，我發著高燒，腦海裡卻一刻不停地想著，等待我的到底是什麼樣的命運？

當時，我的心情就像故鄉的一首歌謠唱的那樣：「像龍捲風和暴風雨一樣的厄運啊！就這樣把人帶走。等待他的將

是什麼樣的命運？誰也無法得知。」

我做錯什麼事情？命運為什麼要這樣折磨我？未來到底還有多少失望和不幸？

我回到主人家的時候，你猜我看到誰？是你的爺爺，阿拉德·古勒。

他幫我把行李解下來，然後一把將我摟住，那種感覺就像我是他失散多年的親兄弟一樣。後來，我像奴隸應該做的那樣，跟在他的身後走。他用手摟住我的肩膀，讓我跟他一起走。他還說：「知道嗎？我找你找得好辛苦啊！我快要絕望了。後來，我無意間遇到施娃絲媞，透過她，我找到你原來主人的債主，然後又透過這個債主，打聽到你的下落。得知我想買下你的時候，你的新主人狠狠宰我一刀，但是這不算什麼，我願意為你這麼做。因為你的人生哲理和上進心深深地激勵我，我有今天的成功，與你那番話有直接關係。」

我說：「不不不，那番話是梅吉多教我的。」

阿拉德說：「哦，沒關係。就算是你們兩個人共同的功勞吧！反正我要好好感謝你們。我們一家人正準備到大馬士革，你和我一起走吧！你很快就可以重獲自由，看！」

他從懷裡拿出一塊泥板，上面刻著的是我的名字，這塊泥板是奴隸的證明。

隨後，他把泥板高高地舉在頭頂，然後狠狠摔在地上。泥板被摔得粉碎，那一刻，我的眼睛濕潤了，我感受到神明的眷顧，覺得自己是世界上最幸運的人！

現在，你知道了吧？在我最悲慘的時刻，我最好的朋友出現了。正是因為勤懇地勞動，我才會擺脫修築城牆的厄運。後來，我結識你的爺爺，也是因為欣賞我上進的態度，他才會選中我，讓我成為他生意上的合作夥伴。

聽完之後，哈丹問：「這麼說，我爺爺也是因為這個秘訣，才擁有那樣輝煌的成就嗎？」

撒魯奈達說：「我想是的。自從我們第一次見面的時候，我就看出他是一個熱愛工作的人。正是因為他的努力，神明才會眷顧他，讓他成為一位受人尊敬的人。」

哈丹彷彿明白什麼，說：「原來如此。我現在才知道，我爺爺之所以會受人敬仰，是因為勤懇工作，是工作讓他取得那些成就。以前我總是以為，只有奴隸才應該去幹活。」

撒魯奈達說：「其實，在人們的一生中，可以享受的事情很多，勞動就是其中一種。在我看來，勞動是人生中最大的享受。它不只是奴隸的專屬，這不是很好嗎？如果只有奴隸才應該去幹活，我人生中的最大享受豈不是要被剝奪嗎？與其他享受方式相比，勞動在我心中的地位是最高的。」

說到這裡，他們已經緩緩來到巴比倫城牆邊。當他們從城門經過的時候，城牆上的士兵全部站起身來，向撒魯奈達敬禮致意。在他們看來，撒魯奈達是巴比倫榮耀的公民。

撒魯奈達把頭抬得高高的，在他的率領下，商隊浩浩蕩蕩地走進巴比倫城。

走在街市上的時候，哈丹悄悄地對撒魯奈達說：「其實，我最羨慕的人就是爺爺，可是直到今天，我才發現，我不瞭解他。謝謝你讓我瞭解爺爺的過去，還有他成功的秘訣。我對爺爺更加敬佩，我發誓，一定要像爺爺那樣，成為一個了不起的人。我不知道應該怎麼報答你，但是從今天開始，你和爺爺的成功秘訣就是我改變的方向。現在看來，這些華麗的衣服和首飾根本不適合我。」

哈丹一邊說著，一邊取下身上的所有首飾。然後，他勒住駱駝，恭敬地退後一步，跟在撒魯奈達的身後。

第十一章

巴比倫簡史

如今的巴比倫只剩下一片廢墟，往日的繁華與輝煌已經不再。永垂青史的，只有巴比倫的文明與智慧。

巴比倫這個城市的魅力，在歷史上是絕無僅有的。在巴比倫城中，有數不盡的金銀財寶。古時候，它幾乎是輝煌和財富的代名詞。因此，人們多半認為，這座富饒的城市必定物產豐富，境內有許多森林和礦藏。

但是事實並非如此。巴比倫城位於幼發拉底河畔，處在山谷之間，不僅沒有森林和礦藏，就連建築所用的石頭，都要從外國運輸而來。這裡氣候極其乾燥，所以任何農作物都不適宜栽種。此外，巴比倫城也沒有坐落在貿易之路上。

巴比倫人利用所有可以利用的資源，成就自身的輝煌，這是人力戰勝自然的典型事例。城中的資源也好，財富也好，都是透過人力創造而成。

如果提到自然資源，巴比倫只有肥沃的土地與充沛的水源。藉由水壩與大運河，巴比倫的工程師們將河水引進城中。在此之前，這些宏偉的工程是絕無僅有的，而在人類歷

史上，它也是極為罕見的。有水利工程的灌溉，處於乾涸山谷之間和貧瘠平原之上的巴比倫，才得以蓬勃發展。

在巴比倫悠久的歷史上，國王的世襲罔替始終非常順利，外敵侵襲的情況也很少發生。那些為數不多的貪圖巴比倫財富的戰爭，不是發生在局部，就是被巴比倫戰勝。不得不說，這是它非常幸運的地方。

巴比倫的歷史上，從來沒有出現好戰的君主。與之相反的是，許多卓越的巴比倫君主充滿智慧，並且公正而上進，因此受到萬世敬仰和愛戴。

然而，無限輝煌已成過往，如今的巴比倫城已經淪為一片廢墟。

處在赤道以北，大約在北緯30度，美國亞利桑那州的尤馬市與之在同一緯度。古巴比倫遺址位於波斯灣以北，與蘇伊士運河東部之間大概相距1000公里。與尤馬市一樣，巴比倫城的氣候也是酷熱乾燥。

如今，往日宏偉的都市、肥沃的田地、浩浩蕩蕩的商隊已經成為歷史。在這片廢墟上，只能看見稀疏的雜草和低矮的灌木。只有少許阿拉伯游牧民族搭起帳篷，在這裡繼續生活。大概從西元一世紀，也就是基督教誕生之時，這些游牧民族就開始在此處生活。

在這片山谷東部，只有幾座小山丘。千百年來，許多旅行者對這裡的形容，都是「荒無人煙」。

此後，由於暴雨沖刷，一些破舊的陶片和磚塊露出地面，考古學家才注意到這裡。得到歐洲和美國許多博物館的支持，一些考古學家來到這裡，開始進行挖掘。後來，經考古學家證實，這裡是許多已經湮沒的古城遺址，古巴比倫城就是這些古城中的一座。

歷經兩千多年的風吹雨打，巴比倫城被挖掘出來的時候，已經不復往日的輝煌，只剩下斷垣殘壁。考古學家撥開塵封的舊土，這座古城的街道和宮殿慢慢呈現出來。

巴比倫城與這片山谷中許多城市一樣，都是迄今為止在史料上有明確記載的最古老的文明。對於這一點，很多科學家都抱持肯定態度。透過巴比倫廢墟中出土的關於日食的記載，天文學家經過電腦計算，在巴比倫曆法與現代曆法之間建立聯繫，進而得出這些城市存在的確切年代。他們的結論是：早在8000多年前，這些城市就已經出現。

經過研究之後，考古學家認為，在8000年前，巴比倫帝國的蘇美人所生活的城市四周是有護牆的。

目前，我們推測的結論是：在此之前的好幾個世紀，這些巴比倫人的城市可能就已經存在。而且，這些居民已經有

文明，並非未開化的野蠻人。從史料的記載中，我們可以得知，人類歷史上首次出現的天文學家、工程師、資本家，就是來自巴比倫。不僅如此，巴比倫也是歷史上第一個會書寫文字的民族。

透過水利灌溉系統，巴比倫這個處在山谷間的城市擁有發達的農業，並且因此成為富饒的樂園。這一點我們在之前曾經提到。城中大部分的運河已經被風沙掩埋，但是藉由殘存的痕跡，考古學家還是發現一些線索。

在大運河的其中一段，考古學家發現，其河床寬度大約可以容納12匹馬同時並排前進。與美國最大的科羅拉多運河和猶他運河相比，巴比倫大運河的規模毫不遜色。

這些灌溉系統全部出自巴比倫工程師之手，除了這項輝煌的成績以外，他們還有另一項偉大的成就，那就是出色的排水系統。幼發拉底河口與底格里斯河口原來都是一片沼澤地，可是經過巴比倫工程師的精心設計，這些地方全部變成肥沃的田地。

西元前400多年，是巴比倫最繁榮的時期。在此期間，希臘的旅遊家和歷史學家——希羅多德曾經到巴比倫遊歷。對於巴比倫城的風俗人情和農業狀況，他進行細緻的描述。他曾經提到，巴比倫城土地肥沃，大麥和小麥的收成都非常

好。作為一個外國人，希羅多德對於巴比倫城的描述，在歷史上是絕無僅有而彌足珍貴的。

巴比倫的文明與智慧將會永存於世，儘管這座城市如今已經成為一片廢墟。雖然當時還沒有發明紙張，但是透過巴比倫人刻在泥板上的文字，我們獲得許多有價值的東西。

巴比倫人將文字記錄在潮濕的泥板上，這些泥板通常長約8英寸，寬約6英寸，厚約1英寸。刻完文字以後，他們將泥板烘乾，進而保留下來。

和我們現在做記錄的方式一樣，巴比倫人的記錄都刻在這些泥板上。其中有歷史、傳說、故事、詩歌，還有國王的命令、當地的法律法規、產權狀況、契約書。他們甚至還將書信刻在泥板上，經由信差遞送到遠方各處。

很多巴比倫人將個人的私事刻在泥板上，因此藉由這些泥板，我們可以窺探到更多情況。其中有一塊泥板很明顯是屬於一位店主人，他在泥板上刻著顧客的名字，並且記錄：這位顧客用一頭母牛換七袋小麥，有三袋小麥已經付訖，其餘四袋尚未交付。

考古學家從古城地底將這些泥板挖掘出來，泥板數量多達上萬塊，可以將許多圖書館裝滿，而且這些泥板基本上完好無損。

與上述成就相比，宏偉的巴比倫城牆才是最負盛名的。古時候，人們將巴比倫城牆譽為世界七大奇蹟之一，而且與埃及金字塔相比，巴比倫城牆毫不遜色。

　　據說，巴比倫歷史上建立第一道城牆的人，是巴比倫王國的締造者亞述女王——塞彌拉彌斯。

　　巴比倫的原始城牆規模如何，我們不得而知，因為現代考古學家一直沒有找到相關線索。我們翻查早期記錄，上面介紹：這些城牆是由磚石建造起來，高大約50至60英尺，屬於外城廓。在城牆之外，巴比倫人還修築一條很深的護城河。

　　基督降生前600年，那波帕拉薩爾國王當政，他下令將原始城牆重新改建，改建以後的城牆名氣更盛。只可惜，這項浩大的工程還沒有竣工，那波帕拉薩爾國王就去世了。後來，這項工程由他的兒子——尼布甲尼撒國王繼續督造。在《聖經》的舊約中，尼布甲尼撒國王是一位非常著名的君主。

　　關於改建以後的巴比倫城牆，歷史上有很多記載，但是這些記載並非完全可信。經過考證以後，我們認為：改建以後的巴比倫城牆長約9至11英里，在寬度最大處，可以同時容納6匹馬車齊頭並進；高約160英尺，這個高度和我們現

在15層樓的高度相近。

如今，雄偉壯麗的巴比倫城牆已經不復存在，牆上的磚石幾乎都被後世的阿拉伯人挖走。我們只能看到牆垣的基座，還有護城河的殘跡。

在巴比倫城牆腳下，考古學家還發現許多進攻者侵襲的痕跡。當時，許多強大的帝國都對巴比倫王國垂涎三尺，意圖攻進城中，搶奪數不盡的金銀財寶。但是在巴比倫軍隊的頑強抵抗下，這些帝國一一潰敗。

根據歷史學家推測，每個進攻巴比倫的軍隊，其規模都很龐大。每發動一場戰爭，進攻者至少出動1200個步兵團，每個步兵團的兵力為1000人，外加騎兵10000人，戰車25000輛。為了籌措糧食和物資，策劃戰爭的路線，一般需要進行二至三年的準備。

巴比倫城中有神殿和皇宮，也有住宅區和商業區，大大小小的商販穿梭於四通八達的街道上。與現代城市構造相比，巴比倫城可謂應有盡有。據說，皇宮是城中禁地，皇宮的圍牆比巴比倫城牆還要高。

在繪畫、雕刻、編織、黃金首飾設計、金屬武器鑄造、農業用具製造上，巴比倫人也十分擅長。巴比倫人設計的珠寶飾品精美絕倫，舉世無雙。在一些富商的墓穴中，考古學

家發現大量的珠寶和飾品，目前，這些珠寶和飾品大多收藏在世界各大博物館中。

遠古時期，為了砍斷樹木，一些民族將石頭製成斧頭，為了捕獵或對戰，他們將打火石削成長矛和箭的形狀。然而，在同一時期，巴比倫人已經掌握打造金屬的技術，他們使用的斧頭、長矛、箭，都是由金屬打造而成。

巴比倫的資本家和貿易商舉世聞名。在人類歷史上，首次貨幣交易、契約和借據、土地產權證明，都是出自巴比倫人。

大概在基督降生前540年，巴比倫終於陷落了。但是，就算在這種情況下，巴比倫城牆依然完好無損。

巴比倫王國的陷落是一個傳奇故事。據說，意圖向巴比倫發動進攻的是波斯王——居魯士大帝。當時，巴比倫當政的國王是那波尼德。他聽取大臣的諫言，不等居魯士大帝將巴比倫城包圍，就率先出城迎戰。後來，那波尼德國王落敗。他逃走之後，波斯王居魯士大帝闖進巴比倫城，將城中財物洗劫一空。

此後，巴比倫城的威望和繁榮逐漸衰落，幾百年以後，巴比倫帝國徹底覆滅。

如今，巴比倫神殿的圍牆已經傾頹，在這片廢墟之上，再也尋不到往日的繁華與輝煌。永垂青史的，只有巴比倫的文明與智慧。

海鴿文化出版圖書有限公司
Seadove Publishing Company Ltd.

作者	喬治‧克拉森
譯者	斯凱恩
美術構成	騾賴耙工作室
封面設計	斐類設計工作室
發行人	羅清維
企畫執行	張緯倫、林義傑
責任行政	陳淑貞

出版	海鴿文化出版圖書有限公司
出版登記	行政院新聞局局版北市業字第780號
發行部	台北市信義區林口街54-4號1樓
電話	02-27273008
傳真	02-27270603
e - mail	seadove.book@msa.hinet.net

總經銷	創智文化有限公司
住址	新北市土城區忠承路89號6樓
電話	02-22683489
傳真	02-22696560
網址	www.booknews.com.tw

香港總經銷	和平圖書有限公司
住址	香港柴灣嘉業街12號百樂門大廈17樓
電話	（852）2804-6687
傳真	（852）2804-6409

出版日期	2018年02月01日　一版一刷
	2021年12月01日　二版一刷
定價	260元
郵政劃撥	18989626　戶名：海鴿文化出版圖書有限公司

國家圖書館出版品預行編目資料

比小說更好看的理財故事書：巴比倫富翁的秘密／
喬治‧克拉森作；斯凱恩譯 －－ 二版，臺北市 ： 海鴿文化，
2021.12
面 ； 公分. －－（成功講座；377）
ISBN 978-986-392-398-5（平裝）

1. 理財 2. 成功法

563　　　　　　　　　　　　　　　　　110018419